U0903168

MF
MODERN FINANCE SERIES
现代金融译丛

兼并和收购综合指南

——如何管理并购各阶段的关键成功要素

Yaakov Weber　Shlomo Tarba　Christina Öberg

雅可夫·韦伯　什洛莫·塔巴　克莉丝汀娜·欧伯格／著

李运琤　周京京／译

中国金融出版社

责任编辑：童祎薇
责任校对：孙　蕊
责任印制：丁淮宾

图书在版编目（CIP）数据

兼并和收购综合指南（Jianbing he Shougou Zonghe Zhinan）——如何管理并购各阶段的关键成功要素/（以）韦伯等著；李运琏，周京京译．—北京：中国金融出版社，2015.8
ISBN 978－7－5049－8042－7

Ⅰ.①兼…　Ⅱ.①韦…②李…③周…　Ⅲ.①企业兼并—指南
Ⅳ.①F271－62

中国版本图书馆CIP数据核字（2015）第154592号

出版
发行　中国金融出版社

社址　北京市丰台区益泽路2号
市场开发部　(010)63266347，63805472，63439533（传真）
网上书店　http://www.chinafph.com
(010)63286832，63365686（传真）
读者服务部　(010)66070833，62568380
邮编　100071
经销　新华书店
印刷　北京松源印刷有限公司
尺寸　169毫米×239毫米
印张　12.75
字数　183千
版次　2015年8月第1版
印次　2015年8月第1次印刷
定价　48.00元
ISBN 978－7－5049－8042－7/F.7602

北京版权合同登记图字 01 - 2014 - 5555

作 者 介 绍

雅可夫·韦伯博士是以色列里雄莱锡安工商管理学院的管理学教授，以及一家名为“战略—实施—结果”的战略管理咨询公司的总裁。他担任战略管理顾问超过 25 年，帮助众多企业高管成功进行国内外并购，其工作涉及并购各个阶段，包括规划、谈判、综合处理等。他在美国、西欧、东欧和中国的很多大学讲课，教授工商管理研究生课程和高管课程。他在很多国家开设了高管学习班。

韦伯教授的很多研究文章发表在国际顶级学术和行业刊物上，他的论文被众多期刊和著作引用超过 2000 次。他是 2010 年卓越作者贡献奖得主。

韦伯教授还是 EuroMed 工商研究所（www. emrbi. com）、EuroMed 工商学会、EuroMed 研究中心的共同创始人和联席总裁。EuroMed 工商研究所开展各种国际学术和商业活动（会议、商业研究、教学、培训等），涉及 EuroMed 地区的以及与该地区有关的商务活动和顾问工作。

什洛莫·Y. 塔巴博士是英国谢菲尔德大学的战略管理学讲师以及全球战略合伙人。他从本·古里安大学获得了博士学位，在以色列耶路撒冷的希伯来大学获得了生物技术硕士学位。他的研究论文发表在《管理学会展望》、《国际企业管理与组织研究》、《雷鸟国际商业评论》、《国际跨文化管理杂志》、《人力资源管理评论》、《并购动态》等杂志上。塔巴博士曾担任若干杂志的特别选题的客座编辑，承担了《加利福尼亚管理评论》的“战略灵活性”专题、《人力资源管理评论》的“组织双元性”专题、《管理学国际评论》的“不断成熟的、生来全球化的知识密集型企业”专题、《国际商业评论》的“机构间交往中的情感、文化、压力”专题的编辑工作。翡翠出版社

2010年授予其卓越作者贡献奖。他专长于生物技术和电信公司领域的咨询工作，他还曾在以色列橡胶和塑料工业协会及美国—以色列商会从事咨询工作。

克莉丝汀娜·欧伯格博士是隆德大学工商管理学和物流学系的副教授。她目前在埃克赛特大学的创新与服务研究中心进行研究工作。她从林雪平大学获得工商营销学博士学位。她具有产业背景，曾担任财务总管和首席会计师。她的研究领域包括并购、品牌与知名度、客户关系和创新管理。她曾在《商业研究杂志》、《建筑管理和经济学》、《国际创新管理杂志》、《欧洲营销杂志》、《服务业杂志》、《企业对企业营销杂志》、《斯堪的纳维亚管理杂志》、《雷鸟国际商业评论》和《工业市场营销管理》等杂志上发表过论文。

致：

爱丽丝，感谢你的友情和帮助，

丹尼尔、欧哈德和塔黑尔，感谢你们给予我人生的意义和快乐，

并以此纪念我的母亲欧蒂莉亚，

感谢您在我失意时陪在我身边，

我也会永伴您左右。

——雅可夫·韦伯

谨以此书纪念我的父亲拉斯兰，

他将永远在我心中。

——什洛莫·Y. 塔巴

序　　言

关于兼并和收购（即“并购”）活动，始终存在这样一个矛盾：企业和高管们对并购总是满怀期许，而事实上，主购方企业在兼并后的绩效往往令人失望。比如说，在2011年，全球并购活动冲破了上一年的成交量纪录，近期研究也显示，尽管金融市场危机肆虐，世界各地的高管们依然对其并购计划信心满满（Deloitte，2012；彭博社，2012）。然而，并购的成败却难下定论。据一些主购方公司管理者称，他们的收购活动仅有56%算是成功实现了预期目标（Schoenberg，2006）。对于这种矛盾，一个可能的解释是，在目前有关并购的知识体系下，人们对于这一重要现象的各个层面尚缺乏全面的认识。比如，顶层管理者事前可能会将并购视为企业增长的重要一步，但兼并后程序却执行得极不顺畅。因此，虽然并购已较为普遍，但人们对它的理解尚不充分，执行也不到位。

本书旨在帮助读者更好地理解并购成功的要素，希望能为企业高管和经理们成功实现并购提供全面的指导。因此，本书将介绍覆盖并购全部环节的总体框架，阐释相关的行动和程序，以及管理者在计划和执行并购过程中所遇到的主要问题。

本书既介绍了相关经验，又汇集了有关多家公司乃至多个行业的研究成果。在过去30年里，我们研究了哪些因素能促成并购过程中的价值创造。与此同时，我们也积累了就并购的各个阶段向企业高管提供咨询意见的经验，并形成了一系列管理工具，可用来应对并购规划、谈判和兼并后整合阶段的各类挑战。

本书有以下几大特色。首先，它不仅关注并购的各个环节，而且兼顾了各环节间最根本的相互联系。因此，对于包括并购方案比较、规划、谈判和最终选定在内的种种活动，起到决定作用的不仅仅是财务和战略因素，实施中的挑战也会产生影响。所以，主购方若通过评估预测到兼并后整合阶段将面临整合程序上的挑战，便可在交易达成前的价格、条件和程序谈判阶段将其作为议价条件，也可在交易达成后视某些目标的实现情况借此主张支付的水平和持续时间。

其次，如果回顾一下有关并购的文献，我们会发现，无论是侧重学术还是侧重实践的文章，都只是偶尔提及某些重要问题。而即便是提到这些问题的文章，也并未就这些因素对于并购成功的重要意义和运用手段加以详述。因此，本书将详细阐述诸多遭到忽视但却极为重要的问题，比如文化差异在并购各阶段的影响、信任、领导力、人力资源做法、沟通，以及其他学者和从业者虽注意到却尚未探讨的其他一些话题。

最后，以往令人沮丧的并购绩效可能是由并购各阶段缺乏协同造成的。第二章“并购过程中一体化的价值创造模式”提出了一种框架，其余各章也对其予以详述。这一框架提供的工具能使并购各个阶段、各项行动、各段程序实现协同一致。我们希望本书能减少并购失败案例，提高成功率，使并购充分实现潜在的价值。

参考资料

[1] Bloomberg 2012 global M&A outlook.（2012）. Report.

[2] Deloitte.（2012）. Growth through M&A：Promise and reality. Report.

[3] Schoenberg, R.（2006）. Measuring the performance of the corporate acquisitions：An empirical comparison of alternative metrics. *British Journal of Management*, 17, 361 – 370.

MF

目 录

第一部分

并购的价值创造模式

第一章　并购矛盾：兼并和收购的成败因素

为何经验丰富的企业高管会反复在兼并和收购（并购）[①] 中栽跟头？比如，一个广为转载的例子：戴姆勒在连续亏损几十亿美元之后，不得不选择与它在大概十年前收购的克莱斯勒分道扬镳。还有一个曾被媒体大量报道的例子：2007 年 10 月，兼并后的阿尔卡特—朗讯的首席执行官帕特里夏·鲁索承认，在利润警报长鸣三年之后，这场兼并的结果未尽如人意（美联社，2007 年 10 月 31 日）。相反，也有极少数公司的并购一路顺畅，比如亨氏、联合利华和伊莱克斯。

莫非是区区几个公司的成功推动了并购的持续增多？并购的主要推动因素其实是与各种增长机遇相关的，比如：获得新产品、拓展业务地域，或者接触新客户。这是除提高利润能力目标、公司的战略能力和市场定位等动机之外的一个重要因素。因此，令人不觉意外的是，2011 年的并购活动继 2008 年和 2009 年的冷却后持续升温，即使是美国国债评级下调、欧洲债务危机以及市场对全球经济状况的严重焦虑也未能减弱这一趋势。

过去几十年里的多项研究结果都清楚地表明，并购的失败率至少有 50%。近几年的调查发现，未能实现兼并目标的公司所占比率高达 83%。照此推测，企业高管和董事会本应尽可能回避并购活动，而去探索其他能够实现市场份额和盈利目标的战略。然而，事实却恰恰相反，并购热潮在过去 20

① “兼并”一词通常是指“对等合并”，“收购”则指主购方公司管理层控制被购方公司的情况。经验表明，即使宣称是“对等合并”，在随后的几日或几周内，各方也都会清楚地意识到谁在控制着谁。本书不对这两个概念进行区分，二者将在文中替换出现。

年间不断升温。不仅如此，并购的数量和投入其中的资金数额几乎每年都会创下新高！

根据威凯平和而德律师事务所2012年关于并购活动的报告，从2010年到2011年，全球并购交易量从27 460例增至30 366例，增长了11%。同样，全球并购交易总值也从2010年的2.03万亿美元增至2011年的3.11万亿美元，增长了53%。全球平均交易规模从2010年的7 380万美元增至2011年的1.026亿美元。在此期间，美国的并购活动总量稳步增长了7%，从9 238例增至9 923例；在一波又一波的交易浪潮中，该国交易总值跃升79%，从8 873亿美元增至1.59万亿美元。

在欧洲，交易总量和交易总值都在2010年水平的基础上持续增长。从2010年到2011年，交易量增长了15%，从11 736例增至13 501例。受巨大的交易量推动，欧洲交易总值猛增了91%，从7 805亿美元增至1.49万亿美元。亚太地区也经历了交易总量和交易总值的增长。该地区交易数量从2010年的7 970例增至2011年的8 905例，增幅为12%；交易总值增长了26%，从6 525亿美元增至8 222亿美元。根据彭博社2012年有关并购活动的报告，中国的并购势头也在不断增强，2011年宣布的交易总值为1 580亿美元，相较2010年的1 450亿美元温和增长了9%。

那么接下来又将如何？彭博社对金融市场专业人士所作的调查报告显示，并购活动将继续增多。亚太地区的公司有望成为最具魄力的买家，而谈到并购对象，受访者认为欧洲地区的公司将最具诱惑力。

而即便兼并和收购数量在未来几年呈下降趋势，我们也可以很清楚地看到，这项战略对于众多企业而言仍将具有重要的意义。此外，国际经济活动的增多和全球化的不断推进也将有利于跨国并购活动的开展。那么，并购是否仍无法摆脱屡战屡败的阴影呢？很难下一个定论。但我们理应预见到，并购在某些方面仍将困难重重，因为其本身就是一个复杂的过程。

失败的一个要因就在于，买进虽易，但执行不易。总体而言，很多兼并和收购的一个特点是，计划不充分，协同不到位，管理/组织/国际文化差异大，谈判失误多，且在协议签订后，一旦主购方选择了错误的整合路径，战略实施就会陷入困境。大多数导致失败的因素都反映出一个事实：企业高管并不清楚要用哪些管理工具来解决并购中出现的问题。

20 世纪下半叶，并购活动数量猛增，而失败案例却不胜枚举，这两个相互矛盾的事实引起了商业管理和经济学各领域的研究兴趣。每个研究领域都有一个独特的视角，对于并购成功与否也有着不同的衡量标准。本章在描述兼并和收购的成败因素时，将着眼于三个主要领域：经济学和金融学、战略管理以及组织行为学。本书的核心观点是，只有将这三个领域的知识融会贯通，才能成功实现并购。

金融和资本市场

经济学和金融学领域的研究者们以兼并公告发布后最初几日（排除行业波动后）的股价变化来衡量并购是否成功。如果股价上升，就是成功的，如果股价下降，就被看做是失败的。经济学者和金融学者的一个基本假设是，股价能基于一切现有的公共信息来客观反映一个公司的价值。他们的观点是，股票价格的即刻变动反映了公众对公司价值预期的变化，从而显示出长期趋势。因此，他们认为，只要一项并购推动股价迅速上升（排除金融市场波动后），就说明它是成功的，为股东创造了价值。相反，如果一项并购在公告后数天导致股价下跌，就说明它是失败的，给股东造成了损失。

经过数十年的研究，如今已被世人接受的一个结论是，仅被购方公司的股东能够获利，而主购方公司的股东基本上是毫无利益可言的。从这个角度来看，并购失败的主要原因就是，主购方公司要支付一笔高于被购方公司价值的溢价。这一溢价通常都是极高的，乃至并购后即使有效管理也无法收回投资，无法弥补估值“错误”。而资本市场会发现这个错误，通过股价变化做出回应。例如，美国在线收购时代华纳的消息发布之后，不出 24 个小时，前者的股价就开始下跌。此案例的一个假设是，为时代华纳支付的价格高得不合理。在收购之后，美国在线的股价连续多月一路下跌。不过，值得注意的是，资本市场的估值很多时候也是错误的，比如，在戴姆勒—克莱斯勒兼并案中，股价在兼并公告发布后立即上扬。然而，就在两年后，其股价又跌落到了兼并之初的 50%。

另一个日益清晰的事实是，过高溢价收购问题的频繁出现还有其他几个原因。企业高管的个人利益并不总是与股东利益相一致的。首席执行官和其他高管人员从兼并中看到了个人的增益，比如，赋权会增多，所控制的组织规模会增大，社会管理状况会得到改善，个人薪资和福利也会提升。此外，在兼并后，公司规模的扩大必然对管理经验有更高的要求，因此高管人员还有可能在职位提升后继而跳至另一家公司的管理层。换言之，在金融学者和经济学者看来，并购失败的一个主要原因便是首席执行官及其管理团队的自我意识。英国大型制药公司葛兰素威康的一名高管曾就此感言："自我意识已凌驾于未来战略之上。"（《财富》，1998 年 3 月）也就是说，高管们对自身的考虑已超出了在企业未来战略规划中所应持有的理性思考。

还有一个导致失败的原因，也与首席执行官的自我意识和溢价收购问题有关，即所谓"自负假说"或"傲慢之罪"。这是指一个人对其克服困境、在机遇渺茫时仍会成功的能力自信满满。这个概念来自亚里士多德的悲剧模式——成功、有才能的人会因骄傲或过度自信而遭遇挫败。悲剧之处即在于，这类人比其他人更有能力回避失败。伊卡鲁斯就是个很好的例子。据希腊神话所载，伊卡鲁斯不顾父亲的忠告，披着用蜡油粘成的翅膀越飞越高，在他忘乎所以地接近太阳时，蜡融化了，他落入大海，溺水而亡。在以色列版的"伊卡鲁斯"式传说中，体现"傲慢之罪"的话语多次出现，比如"相信我"、"没事的"、"我不会遇到这种事"，等等。也就是说，首席执行官们确信，即使付出了高额溢价，并购也是值得的。他们确信，在精心管理下，通过组织整合，兼并的成效将日益凸显，新机遇会逐渐增多，被购方公司的绩效会在短时间内改善，兼并所带来的优势也将真正实现。

需注意的是，在某些案例中，支付高额溢价也是值得的。比如，在爱科收购伊莱克特时，根据股价判断，溢价几乎高达 30%，但此次收购最终还是获益颇丰的，至少在空调零配件制造和销售领域是如此。

但无论如何，尽管并购鲜有获利，但其数量却一直在增多，不断创下新高。原因何在？对于这一谜题，可能有如下几种解释：

■ 一种可能是，尽管获利机会渺茫，但并购活动由于下述原因依然层出不穷：

1. 管理者们错误地评估了价值。

2. 管理者们追求利益最大化，甚至不惜牺牲股东的利益。

3. 管理者们出于董事会和股东的压力不得已而为之，希望外界看到持续增长的趋势。

■ 兼并虽有获利可能，但

1. 兼并后产生的组织性问题会带来高额成本，从而抵消潜在收益，或者会阻碍并购的成功实现。

2. 衡量并购成功与否和获利与否的方法有误，因此获利空间无法得到体现。

3. 外部利益相关者对于并购的反应会抵消潜在的积极成果。一种反应是，客户可能会改变其购买商品的方式，而来自这些客户的持续的现金流正是被购方价值的一部分。很可能只有某些类别的兼并能给股东带来收益，而其他类兼并则不然。

顺着上文第一点所述原因，我们来看看另外两个方面，它们将从不同角度阐释并购的成败因素，即：战略管理和组织行为。

战略管理

战略管理领域的研究者重点关注组织本身的管理和长期规划问题。战略管理学者并不认同经济和金融学家以及资本市场学说所提出的下述假设：

■ 可以精确预测公司在未来几年内的现金流走向。

■ 内部控制有效性可能会增强，强于被购方管理者的绩效。

战略管理领域的长期经验表明，公司战略会随着频繁的市场波动和战略执行困难而发生变化。因此，作为价值评估主要基础的未来资金流是难以预测的。

此外，战略管理学者还认为，组织内部控制有效性改善的空间是有限的，并且在某些阶段，可能会对竞争力产生负面影响。相反，经济学和金融学研究者们所主张的观点在20世纪80年代末导致恶意收购增多，并引发杠杆收购的高潮。采用这些方法的资本运作者们相信，这样可以增强组织的内部控制有效性，进而推升价值。然而，此类恶意收购在90年代几乎绝迹。此外还要注意到，这一经济学/金融学方法在衡量并购成败方面受到了美国资本市场的影响，强调的是短期效果。而在日本和欧洲，人们往往关注并购绩效和长期战略目标，衡量标准和奖励体系也是与此趋势保持一致的。

战略管理方法采用诸多标准对并购成败进行衡量，包括并购后的销售规模、市场份额增长和竞争力增强情况，当然还有并购前后盈利能力的变化。

在战略管理研究者看来，这些衡量标准受到不同组织间匹配度的影响，因此并购成败的主要因素在于两家公司的战略匹配度。战略匹配度以兼并的协同潜能（2 +2 =5）表示（第五章“协同潜能及其实现”将专门探讨“协同”问题）。简而言之，如果两个业务部门在处于同一方控制下时相对于其各自独立时有更强的盈利能力，那就可以说产生了协同效应。战略匹配度和协同效应存在于“相关兼并”中，即两家组织同属一个行业或属于相关行业。最明显的例子即竞争企业之间的兼并，此种情况下，可以将双方的行政管理和运作职能结合到一起。这样，便可以较低的成本实现共同的销售目标（甚或其他目标），比如在20 世纪90 年代初空调零配件领域的爱科与伊莱克特兼并案中即为如此。

而当爱科收购 Shekem 时，情况就不一样了。由于后者涉及食品和服装产业链，因此并购的协同效应很低（仅在电子产品销售领域能看到协同效应）。这就好比是一个建筑承包公司收购了必胜客的业务链，没有任何协同潜能，这种兼并被称为“无关兼并”。有人声称协同效应是存在的，因为必胜客餐馆就位于建筑物里（毒舌们会说，唯一实现协同的办法可能是将比萨搭配着水泥酱一并出售）。这些无关兼并未曾获得过成功。战略管理方法给出的建议十分明确：只能进行有协同效应的兼并，除极为特殊的案例外，无关兼并一定要避免。

不过，即使是相关兼并，失败率也是很高的。来自哈佛的迈克尔·波特教授研究了相关兼并的成功率。成功/失败的标准是兼并/收购后五年（甚或更长时间）内两公司“分家”的几率。分析的样本涵盖了美国的大型公司，采用基础假设是，相关兼并旨在长期维持被购方的运营，以期实现协同潜能。在这个样本中，“分家”率同样很高，超过了50%。结论是，一家公司被迫卖掉其之前收购的公司，往往是在多次尝试组织融合和探索协同效应均未果之后，而它一旦心灰意冷，就会将被购公司“吐”出去。Madge 与以色列公司 Lannet 的兼并即为如此。Lannet 以3.3 亿美元的价格被收购，约三年后又以1 亿美元左右的价格被卖给 Lucent。可见组织整合过程并不成功。Madge 的盈利下滑，其股价几乎跌至兼并当日股价的5%。

对于相关兼并的悲惨结局，一种解释是，协同潜能并不总是能在执行过程中得到实现。协同难以实现，主要原因有两点。其一，由于缺乏事先规划，协同效应未得到充分发掘。如果事先做好规划，就可能避免过多的成本，发现主要的协同来源，并在较短时间内实现协同潜能。若无明确规划，协同潜能就会在漫长、复杂的组织程序中逐渐消退，最终无果而终（第二部分“关键成功因素的分析工具”将专门阐述规划过程）。相关兼并难以实现协同效应的另一个原因，是对人的因素重视不足，也就是说，对管理者和员工，特别是被购方的管理者和员工的重视不足。接下来，我们将从“组织行为”角度阐述这一原因。

组织行为

组织行为研究者和顾问们认为，并购失败的主要原因是在并购规划和执行过程中对人的因素重视不足。换言之，即使上述两方面情况均有助于成功，也就是说，即使收购价与被购方价值相符，且并购在两个相关组织间开展因而具有协同潜能，人的因素仍可能导致兼并失败。由于文化或管理方式的差异，被购方的管理者和员工可能有意识或潜意识地排斥兼并事实，从而带来巨大的成本，也使协同潜能无从发掘。

近年来开展的全面研究和积累的兼并经验让我们看到，追根究底，影响管理者和员工，特别是被购方的管理者和员工的主要因素，其实就是两个组织间的管理/组织文化差异。当管理/组织文化差异极大时，兼并就注定要以失败收场（不同组织间的管理/组织文化差异在任何一个领域、任何一个国家都是存在的。国家间的文化差异更是加深了组织间的差异程度）。因此，戴姆勒—克莱斯勒的首席执行官于尔根·施伦普（德方）认为，詹姆斯·豪顿（美方）没能顺利适应他的管理方式，比如，未能执行削减支出政策，未能及时汇报克莱斯勒的重要动向，等等，因而带来了持续的不确定因素。图1－1反映了在美国和以色列进行的一项涵盖国内和跨国兼并案例的研究，解释了文化差异对并购成败的影响。

图1－1表明，文化差异会在管理者和员工，特别是被购方的管理者和员工中造成紧张、压力和消极态度。由于这种针对主购方的紧张关系和消极态度，管理者们在寻求兼并成功的道路上困难重重。与此同时，并购双方之间的合作水平也会大幅下降。因此，被购方的高级管理者们往往会背弃原公司，跳槽到竞争对手公司或其他公司。管理者请辞的现象大多发生在兼并后头一

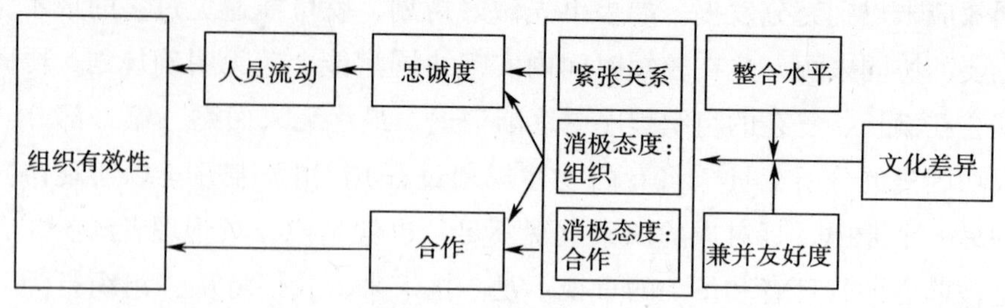

图1-1　管理文化差异对并购成功的影响

年，研究发现，这一现象也是兼并后财务绩效恶化的一个因素。

正因为如此，在收购了以色列公司赛天使的印前设备业务一年之后，加拿大公司克里奥的首席执行官阿莫斯·迈克逊不禁感言："兼并没那么简单"。的确，在兼并后一年内，赛天使的25位高级管理者中有20人都离开了公司，因为他们不想迁就于克里奥的管理模式。当年年底，迈克逊坦言，直到若干年后，克里奥才能恢复其兼并前每年30%的增速。事实上，这家公司再也没能达到这样的业绩。

管理者和要员请辞的问题在高科技公司尤为严重。在此类公司，专业知识由人掌控，开发和创新的能力也与研发团队中的人际互动息息相关。实际上，收购正是为了获得创新能力、专业知识和宝贵人才。倘若管理者和要员相继离开被购方公司，那么主购方公司就无法收回其付出的价值，只有孑然落寞。这种并购必然会以失败告终，特别是，如果文化差异及其影响未能在事前得到注意和分析，也未能在交易前、交易中和交易后得到及时解决，那么失败的几率就会更高。毋庸置疑，在任何一个行业、任何一个领域，这都是一个重要的问题。

正如梯瓦制药公司（借助于并购成为世界最大的基因药物生产商）前董事长伊莱·霍罗威茨所言："在公司兼并后，生产线可以移植，但组织文化却难以移植。"

参考资料

[1] *The Associated Press*, October 31, 2007.

[2] Fortune, March 1998.

[3] Porter, M. E. (1985). Competitive advantage: *Creating and sustain-*

ing superior performance. New York: Free Press.

[4] WilmerHale 2012 M&A report. (2012). Wilmer Cutler Pickering Hale and Dorr Llp. www. wilmerhale. com.

[5] Weber, Y. and Tarba, S. Y. (2011). Exploring integration approach in related mergers. Post – merger integration in the high – tech industry. *International Journal of Organizational Analysis*, 19 (3), 202 – 221.

第二章 并购过程中一体化的价值创造模式

概述

上一章从不同的知识和研究领域对并购成败的因素进行了分析。然而，每一个领域的研究者和大多数顾问通常都会忽视其他知识和研究领域，仅仅专注于与自身背景相关的某一个层面。尽管某些影响并购成败的因素对于有经验的高管和顾问来说是毫不陌生的，但只顾片面、忽视全局的做法难以确保兼并成功。结果，正如上一章所述，失败率依然很高。本书的建议是，应采取一种多领域结合的方式来理解和管理并购活动。因此，本章将介绍一种并购过程中的价值创造模式，这一模式将不同领域中的最新知识进行整合，根据各领域的相关学术和研究成果，列出实现成功兼并的重要环节。后续章节将详细阐述各个环节以及各环节间的重要联系。

不同领域，不同阶段，不存在关联

兼并前和兼并后的各类因素，比如战略目标、协同效应、企业文化、国家文化、整合方法、领导方式、沟通方式、人员管理等，与各阶段做法的调整及其对国内和跨国兼并成败的影响之间存在一系列复杂的相互关系。有若干项独立的管理学研究都考察了收购前或兼并后整合阶段。比如，某一类研究探讨了公司层面（宏观层面）财务绩效水平与买卖双方战略匹配度之间的联系。此类研究假设在绩效增长与双方公司业务相似度之间存在持久联系，但却未能证实其存在（King 等，2004）。另一类研究探讨了买卖双方文化匹配度及其对双方结合成功与否的影响（Stahl 和 Voight 等，2008），其中某些研究探讨了并购对人力因素（微观层面）的影响，包括对管理者和员工的心理影响。但是这些研究忽视了某些因素，比如有助于并购的人力因素和人力资源管理做法，同时也未将跨国差异考虑在内。因此，在交易达成前后以及交易过程中，都存在较高的因果模糊性。

并购过程中，不同水平与阶段之间的关联性难以摸清。有关并购的各类文献似乎是彼此孤立的。比如说，鲜有研究考察过并购中的文化差异对兼并规划、兼并方案筛选或谈判阶段的影响。有关文化差异的研究通常只关注与兼并后阶段相关的问题，比如交易达成后两家公司的整合或顶层高管的流动等。若干年前，有几位学者曾提出过这个问题（Chatterjee 等，1992；Weber 等，1996；Weber 和 Tarba，2011；Weber 和 Fried，2011），但自那时起至今，情况未有多少改变。不同作者在论述并购中的宏观和微观层面变量或论述兼并前和兼并后阶段时，可能用到了相同的定义和术语，但大多数人都不愿踏入他人的领域，从而错过了相互取长补短的机会。

由于诸多因素的存在，并购成为一种复杂的现象，也成为最具挑战性的管理任务之一。兼并发生的频率较低，可预见性较弱，因此管理层难以积攒大量经验来形成简单的机制。不仅如此，兼并形式具有异质性，从根本上来说并无清晰的因果关系可循。所以，需要努力制定并不断改进有针对性的方法、程序和体系，从而减轻决策、行动与绩效之间的因果模糊性。此外，很多研究会以并购具有同质性为假设前提，这些研究的成果并不能真正阐明并购案例之间的重要差别。事实上，并非所有并购都相同。这方面的一个主要疏漏是，人们仅仅关注收购者与目标公司之间的文化差异，而未对来自不同国家的收购者的国别文化差异予以重视。在人力资源做法方面，很少有人会对不同国家的并购活动中人员层面和人力资源做法所受的影响进行比较分析。与此同时，全球化推升了跨国并购的数量，从而带来了不可忽视的人力资源影响，比如人员激励、被购方顶层高管流动、种族多样性的加深，以及雇主与雇员之间心理契约的改变，等等。由于这些变化，在面对不同国家和行业的形势时，必须灵活、精准地调整人力资源做法。鉴于以往对人员问题的忽略，我们可以推断，人力资源管理在并购的所有阶段都可能是一个重要的因素。

而在实践者这里，同样存在重局部、轻全局的问题。很多案例中，并购都是由顶层管理者发起的，仅仅是源于在非正式商业往来中“发现”的某一个“机遇”，或是由投资银行牵线搭桥，或者以其他方式草率启动。在初步讨论后，企业管理者或所有人会要求对目标公司进行估值，并与对方进行以价格为核心的谈判磋商（这常常被戏称为“马匹交易”）。只有在签订了协议之后，很多顶层管理者才开始深入思考组织整合的问题。很多情况下，他们会在已经很迟的阶段找来主要负责的经理，让他们去规划并执行兼并后的整合程序，而这些经理却并未参与过兼并早期的任何一个环节。顶层管理者往往会强调他们对短期内财务绩效改善的预期，特别是在被购方公司的收购价超出了最初预测的情况下。

大多数情况下，各个阶段的参与人来自不同领域。比如说，财务经理通常会参与早期程序，人力资源经理则往往在后期进入。本书贯穿全篇的主张是，并购程序各阶段的孤立以及不同领域职业经理人的分隔，减少了并购成功的可能性。原因有两点。其一，各组织职能（研发、市场、生产、人力资源等）管理者所具备的有关兼并优劣势的专业知识并未被纳入到决策过程中。因此，企业所有人和顶层管理者无法准确评估协同潜能和兼并附加值。某些职能的协同潜能较高，某些则较低，需要对此进行全面的专业评估。各组织单元管理者可以在其熟悉的领域内更加精确地评估被购方相对于主购方的优劣势，以及兼并可能会带来的真正潜能。此外，交易达成前，职能管理者还可以在其领域内评估兼并后获得协同效应和进行知识转移的成本和阻碍因素。这些评估结果和数据对于并购各阶段都至关重要，包括兼并规划、谈判和实施阶段。若缺少这些结果和数据，决策者可能会将好的兼并机会拒之门外，而投身错误的方向，或是支付高额收购溢价。

此外，围绕并购开展的一系列活动也有诸多差异，在技术上极具复杂性。因此，这些活动要求对分析工作进行分割，比如分割成行业分析、产品分析、财务评估、反垄断分析、养老金系统兼容性分析等。不同专家和专业人员的分析往往是彼此孤立的贯序分析、时相分析，反映的是不同领域的视角，难以融会贯通。很多情况下，这些分析仅着眼于某些主要范式，限制了对组织文化差异等非标准数据的分析，从而限制了决策过程，最终对兼并效果产生不利影响。

其二，如职能管理者们无法参与各个决策过程，显然会出现不良后果，比如，人员动力不足，斗志减退，这都是组织整合过程中的关键因素。兼并后的整合以及协同潜能的实现在很大程度上有赖于组织中不同职能管理者的合力、努力和动力。若无此等条件，兼并很可能会失败。

很多企业顶层高管和所有人认为，只要提高管理者们的满意度，即适当提升管理者们的工资待遇，整合问题便可迎刃而解，如果这一举措无法带来预期的效果，那么管理者们就可以被轻易替换。经验表明，大多数优秀的管理者都不会为高达百分之几十的工资增幅而心动。相反，他们担心的是企业文化的差异和可预见到的工作变动。优秀的管理者们有机会在竞争企业或其他领域谋得新职位。研究显示，有大量优秀管理者会在兼并后第一年离职。实证证据表明，在这些案例中，兼并遇到了诸多障碍，主购方的财务绩效不断下滑。最终，由于过分强调短期财务成果，因而全然不顾一系列整合过程，而这些过程正是创造价值、实现协同效应所必需的。很多企业管理者和所有人都未意识到整合问题的复杂性、进行战略和组织分析的必要性，以及综合各类因素进行细致的长期规划的必要性。只有通过深入的规划和实施，才能实现预期结果。如果急功近利，而不顾整合过程的各个阶段，就可能催生鲁莽的行动，很容易就会破坏协同潜能，最终导致兼并失败。

为避免此类问题，重要的是要执行系统化的并购程序。本章所建议的模式可将不同知识和研究领域的成果加以整合，找出并购过程中必须要考虑的重要环节和相互关联。

并购过程中一体化的价值创造模式

各个领域的研究数据和结果以及多年来的经验均表明，并购是一个极其复杂的过程，其中涉及的很多因素都会决定成败。这一过程主要包括以下三个相互关联的阶段：

第一阶段：规划和战略管理。

第二阶段：谈判、尽职调查和签订协议。

第三阶段：实施和兼并后整合。

本书将重点考察上述三个阶段间的关联。例如，在规划阶段，须考虑谈判和实施这两个环节。而谈判又提供了有关实施过程、财务估算和被购方公司战略的重要信息。这些信息有助于规划工作的开展，从而影响谈判和实施过程。图2－1描述了并购过程的各个阶段，以及各阶段、各环节之间的联系（Weber Y.，2003）。例如，根据我们的模型，在规划阶段早期就应当对文化差异进行分析，这有别于兼并后研究人员和一心关注交易达成后文化差异影响的从业人员的做法。这种分析不仅有助于兼并后的整合工作，而且也有助于兼并前各个阶段的工作，比如方案筛选、财务和战略评估、谈判、最终付款以及协议细节。同样，协同效应分析也会支撑其他各个环节，谈判阶段得到的反馈有助于对文化和协同因素进行重新评估，并可作为方案筛选、整合计划、财务和战略评估等规划环节的必要信息来源。本书后续章节将更详尽地论述此处所说的几个阶段，带领读者更深入、更细致地去认识每一个相关问题。

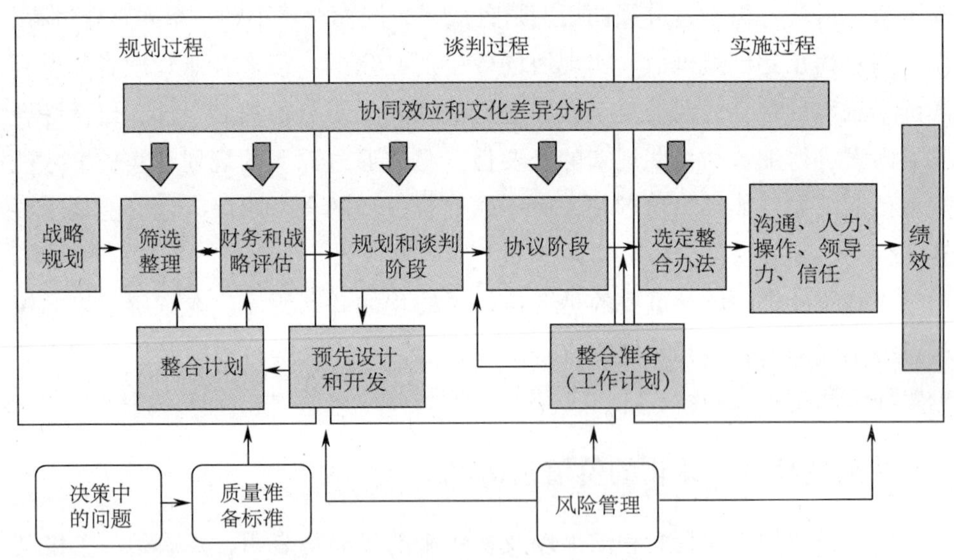

图2－1　并购过程中的价值创造模式

第一阶段：规划和战略管理

1. 战略管理、目标和并购战略

与许多公司管理者和所有人在面对并购机遇时所采取的“直觉性”做法不同，本书所建议的主动性方法是以公司的战略规划为出发点的。在这一规划过程中，管理层会设置财务和战略目标，制订不同的战略方案，并明确并购将以何种方式来帮助实现财务和战略目标。因此，在设定种种战略目标之前，就应当明确界定并购的必要性和优势。这些战略目标包括：扩展或增添产品、服务和技术类型，进入新的地区市场，并入供销来源（垂直整合），或者加入新的业务线。比如，公司会确定哪些部门和产品从并购中获得的利益会多于从其他增长和竞争战略中获得的利益。同时还会考虑能达成目标的其他战略选择，比如成立合资企业，或建立其他战略性联盟。这些因素会影响财务目标的实现，比如收入增长、税息折旧及摊销前利润、现金流，或其他目标。

每一家公司的资源都是有限的，必须就资源分配的问题做出决定。因此，目标和战略是确定兼并对象筛选标准的基础，也是并购计划的基石，比如，设定收购目标（增加市场份额、增强竞争优势、获得新的竞争力、进入新行业、立足国际市场等）、描述目标公司的特征（规模、技术、竞争力和所涉足领域），以及确定可能的并购类型（供应商、客户、竞争者以及互补性产品供应商）。

2. 寻找、筛选和确定

通常，每家公司都有若干不同的并购方案，即使管理层并未意识到这一点。在管理层确定了战略目标和实现这些目标的战略之后，接着就要阐明并购计划了。这一计划将有助于设定候选对象筛选标准，形成一个可进行全面比较的筛选体系，从而选定最佳的并购方案。因此，在可行的公司战略计划的基础上，并购战略会勾勒出关键的并购目标，这些目标能够支持战略目标的实现，同时也将资源限制考虑在内。

重要的是，即使管理层认为已找到最佳的并购目标，其也应制定若干替代性的战略方案。替代性方案会在谈判中发挥作用，因为它们能够很好地估计目标公司的价值，以及其他一些与价格非直接相关的重要问题。

需再次强调的是，与凭直觉行事不同，并购战略及其规划过程会确定出多个替代性方案，并将其排序。比如，筛选标准可以是每例兼并中的协同效应水平，可以是实现协同效应所面临的阻碍（比如文化差异带来的阻碍），可以是整合两家公司的难度，可以是知识转让，当然也可以是并购的经济价值和成本。因此，筛选和排序不仅受战略目标这一兼并早期的重点的影响，而且也受整合规划过程和实施挑战的影响。

3. 财务和战略评估，包括协同效应分析和企业文化差异

在直觉型方法下，管理层会要求对目标公司的价值进行财务评估。与此不同的是，本书所建议的模式重在强调除财务评估外进行战略评估的重要性。战略评估会考虑到如下诸多因素：兼并的协同潜能、兼并对公司的商业战略和预设战略目标的积极作用、通过规划后续的组织整合过程来实施兼并的方法，等等。这一评估对于筛选和排序过程极其重要。在某些情况下，总价会高于财务评估的建议价格，因为战略评估会得出一个合理的溢价水平。反之也有可能，尽管谈判得出的总价低于财务评估建议的价格，但战略评估和整合规划阶段显现出的实施难度会促使管理层放弃这一兼并方案。

4. 整合规划

整合规划和过渡阶段通常开始于协议签订之后。但从我们建议的模式来看，此时开始为时已晚。整合两家公司的目的在于实现协同效应。决策者必须要在制订计划后、达成交易前摸清与整合有关的挑战和成本。这些信息理应成为谈判过程的一部分，对是否要收购目标公司这一决策产生影响，并在收购决定做出后对协议的诸多方面产生影响，比如影响价格和支付方式。

在协议签订前的规划阶段就应当清楚地认识到，协议签订后的整合过程有哪些阶段，在实现协同效应的过程中会面临哪些实施挑战。例如，决策者除了千方百计地消除企业文化差异、维持人力资本、缓解管理层与员工的紧张关系、减轻对兼并的负面情绪，以及确定实现协同效应、削减成本和进行知识转移的具体领域外，还应预先计划并考虑好新组织的结构问题。如果整合的难度、不确定性和成本过高，就应当放弃并购。总而言之，提早对整合进行规划会影响战略和财务评估、谈判过程，以及对潜在并购对象的筛选和排序。

第二阶段：谈判、尽职调查和签订协议

1. 谈判过程

与其他谈判相比，并购谈判有其独特之处。梯瓦制药公司（曾多次并购，成为世界最大的基因制药公司）前任首席执行官伊瑟尔·马尔科夫认为，必须要“为谈判设定框架和指引（福布斯并购公会，2007）”。

要想接近目标公司，有多种不同的途径，各有利弊。首先，要把重点放

在前期讨论上，建立信任关系和人际“感情”，以及为双方创造价值的共同基础。比如，有关文化差异的分析会对谈判起到积极作用。在规划分析阶段形成的文化差异相关信息有助于接近对方公司，共同探讨兼并的裨益。有多项研究证实，交易的失败往往是两家公司文化差异过大造成的。比如，1998年孟山都公司与美国家用产品公司拟进行的兼并被取消，双方未能达成协议的原因被归结为管理方式的冲突。《华尔街日报》评价说：“又一宗制药业超级兼并计划破产：文化冲突一刀切断了孟山都与美国家用产品的联姻。”一项近期研究表明，凡是对谈判规划投入更多且更加重视文化差异的，最终都更为顺利地达成了交易。

接下来，就是有关谅解备忘录或意向书的细节问题了，这标志着谈判风格的一个重要变化。最后，要在签订协议前对兼并操作和两家公司的整合进行合理规划。因此，在达成交易前就应商定各个重要的实施阶段，这样才能更好地理解协同优势的真正潜能和能够预见的阻碍因素，并更好地了解管理方式差异和文化差异。此外，在谈判期间积累的知识有助于重新评估早期财务和战略估算结果，以及交易的成本。

2. 尽职调查评估

对被购方公司的调查必须要全面深入，从而确认评估阶段所做的各个假设，找出公司价值的来源，并尽量减少协议签订后出现意外的可能。一般情况下，尽职调查包括会计和法律领域的调查，但这些还不够。从新闻媒体对克里奥—赛天使并购交易的描述中可以得知，克里奥管理层在签订协议之后意外地发现，在很多产品领域，并没有为推进技术和产品而进行研发投入。同样让他们吃惊的是，竟存在如此多的企业文化差异。如法国合益集团总裁克劳德·迪翁所言，58%的企业领导者不得不承认，尽职调查过程往往会忽略无形资产，从而导致企业在兼并后整合阶段对诸如人力资本和文化差异等无形问题重视不足，加大了收购失败的风险（福布斯并购公会，2007）。只要进行覆盖公司各项职能和活动领域的深入的尽职调查，或者考察公司开展经营的领域和所在国及其法律规定，这些问题以及其他一些问题就会浮现。此外，必须要对人力资源进行全面、深层调查，包括考查顶层管理者的禀赋和管理能力，以及其他一些重要方面，比如董事会的构成，以及公众、分析师、股东、客户、供应商和其他人对于公司的印象。最后，尽职调查还应考查兼并的独特优势，而不仅仅是目标公司的优势和劣势，并将重点放在协同效应和由兼并带来的其他战略优势上。

第三阶段：组织整合

1. 整合方法、文化差异和人力资本整合

并购的价值是在协议签订后通过两家公司整合而创造的。但两家公司应在哪些领域实现整合呢？整合的步骤如何？应如何对待文化差异？应在多大程度上给予被购方管理层自主权限？

与同等对待一切并购的直觉型方法不同，价值创造方法要求就每一项并购的最佳整合方法进行分析、评估和决策。例如，跨国电信公司 ECI 在 20 世纪 90 年代被一家美国公司收购，收购方决定给予被购方管理层全面自主权。这项兼并以失败告终。吸取了这一教训，ECI 在收购塔迪兰通信公司时拒绝给予被购方管理层任何自主权，不允许其参与任何重要的决策。塔迪兰的工程师和管理人员在某天一早惊讶地发现所有标牌都已被换掉，车辆被重新涂了颜色，就连塔迪兰的名称也被 ECI 取代。这一并购最终也未能成功。难道 ECI 采用这两种做法都是错误的？这两种做法或许在其他并购中会奏效，或者说，如果允许塔迪兰保持独立性，或许是有利的，而这一做法对于那家美国公司的并购而言，或许是有害的。这个案例印证了若干学者的建议，即，有并购经验并不一定会有更好的并购绩效，因为顶层管理者可能会将以往的经验错误地运用到一项新的并购中，却不曾想这项新的并购与以往的情形并不相同（Finklestein 和 Haleblain，2002；King 等，2004）。

公司间的整合可以不同的强度和速度进行，对度的把握取决于整合的目标（协同潜能）以及能够实现整合的程度（协同潜能的实现）。

选择一种整合方法，也就决定了兼并后最初阶段要采取的措施和行动。最近，梯瓦制药公司完成了对一家荷兰公司的整合，前后用时 15 个月。考虑到被整合公司的规模，这个速度算是很快的。鉴于整合过程的复杂程度和时间长短，的确要进行充分的规划（见图 2 - 1），最好的做法是在签署协议前即开展大部分规划工作——否则整合过程就会极其漫长，成本会极高，兼并目标会难以实现。

整合规划应包括如下几个步骤：

■ 确定整合方法和过渡期管理结构。

■ 制定沟通策略，调整组织的企业文化。

■ 解决因管理文化和组织文化的差异而产生的问题。

■ 深入研究人力资本和骨干人员保留问题，包括一切人力资源事宜，如员工配置、培训、奖励、福利、晋升等（详见第十章至第十六章）。

2. 领导力和整合基础结构

兼并整合要求由一位“优胜者”来担负领导整个整合过程的首要职责。一个办法是，由整合经理（在某些超大型兼并中，即公司的首席执行官）负责推进并购的各个阶段，包括交易、过渡和整合阶段。领导者会在执行团队（有时也被称为指导委员会或兼并协调委员会）的协助下履行诸多责任，包括制定与战略方向一致的指导方针，关注分析和研究结果，进行投资决策，以及监督整合计划的实施。

若要指挥整个整合过程，就应当为过渡阶段搭建好基础结构。设计这一正式的过渡结构时，要设立一个覆盖全面、职责明确的任务组，选定任务组负责人，安排好规划启动阶段，在任务组内实现有效沟通和协作，提供人员支持，以及在内部和外部聘请顾问。

3. 压力和紧张关系

第一章提到的几个变量（见图1－2）对于兼并后整合的实施而言是至关重要的。国家间抑或企业间的文化差异、对被购方顶层管理者自主权的剥夺，以及面对并购戏剧化走向的不确定心理，都会导致压力、紧张关系以及合作和忠诚度方面的负面情绪，在每一项并购中逐渐形成的心理契约即对此产生影响（Weber和Drori，2001）。不仅如此，若无专业化的干预机制，压力和负面情绪还会致使被购方管理层怠于合作，在整合过程中忠诚度降低。而忠诚度的降低又会导致被购方顶层管理者和专业人才的高流动率，特别是在兼并后的第一年，这最终将损害兼并的财务绩效。

4. 沟通策略

在解决前文所述行为问题的过程中，有效沟通会起到极其重要的作用。只要认清形势，员工和管理者便会将更多的精力放在手头的工作上。若无系统化的沟通机制，不确定心理就会主导一切，谣言就会成为主要的信息来源。不确定心理和失败的沟通策略会导致对管理层信任丧失、士气萎靡、生产衰退、骨干人员和客户决然离去——这些后果对于整合过程和兼并的成功都是沉重的打击。

在兼并的不同阶段，伴随着利益相关者的变换，沟通的主题、媒介、受众、目标和程序都会发生变化。因此，必须要制定出组织合理的沟通计划，同时考虑到文化差异、协同效应类型、兼并类型以及合作伙伴的情况。有了这一计划，方能确保在正确的时间通过正确的渠道向正确的利益相关者传达正确的信息。例如，在德意志银行与德累斯顿银行兼并案中，正是由于缺少这样的计划，兼并才以失败告终。德意志银行经理罗尔夫·布鲁尔并不清楚这一交易的优势，也未认识到兼并后的银行在投资银行领域中的未来行动方向。结果，双方的投资者都拒绝达成这笔交易，殊不知这场交易本可以造就一个世界银行业巨头。

为兼并制定的有效沟通计划须遵守几项原则，同时也要遵循一种体现了计划的核心驱动价值的沟通哲学。在实施计划时，要确保无论何时、无论以何种渠道，所有沟通都须彼此协调，相互一致。

5. 文化评估和文化整合

我们知道，文化匹配度是兼并后整合成败的主要决定因素。尽管如此，文化差异及其对兼并成败的影响并不总是在并购决策的每个环节必然会考虑到的问题。并购决策的各个环节包括：交易价格谈判、系统性搜索、筛选、理清候选对象、尽职调查、在签订协议前制定兼并后整合计划、留住骨干人员和顶层管理者等。例如，戴姆勒的顶层管理者曾多次表示，在收购克莱斯勒的过程中，文化差异的确非常重要，但大多数情况下，向首席执行官报告的委员会并不会讨论文化差异问题，其成员也不包含人力资源部门的人员。在本书建议的模式下，文化差异对于并购管理的每一个重要环节都是影响重大的。

文化匹配度的评估极其复杂，一部分原因在于难以接触到目标公司，难以获取与其有关的信息。在获取文化差异数据时，可采用多种方法和程序，一方面使用主要信息来源（即与目标公司的直接接触），比如调查问卷和面谈；另一方面描述次要信息来源（几乎不涉及与目标公司的直接接触），比如对报刊和网络文章及出版物、目标任务说明、目标通讯、顶层管理者讲话等内容的分析。

最后，在对不同文化进行具有操作性的描述，进而将彼此相关的元素和程序有机结合之后，就有可能积极主动地对被兼并公司进行文化整合了。具体方法包括培训和拓展、奖励机制、沟通交流、正确领导、仪式和活动等。

6. 整合方法

并购中的一切价值创造都取决于合并后公司有效整合业务、实现协同潜能的能力。整合可能会打消被购方顶层管理者与主购方管理团队合作的积极性。因此，在整合的高低水平之间，显然存在一种权衡。为了实现高水平的协同效应，可能需要进行高水平的整合；但高水平整合又可能造成人力方面的问题，从而减损被购方公司的价值，并使成本增加，甚至抵消掉兼并可能带来的收益。这可能就解释了为什么诸多有关整合与兼并绩效之关联的实证研究会得出彼此矛盾的结果（Schweiger 和 Goulet，2000；Weber 等，2001）。

整合方法的差异主要在于对两项关键因素的侧重有所不同：一是协同潜能，二是为实现协同潜能而有必要采取的实施举措。若干矩阵和描述体现了不同的整合方法（Haspeslagh 和 Jemison，1991；Schweiger，2002；Ellis 和 Lamont，2004），但是它们都忽略了或未能充分注意到两家公司间的文化差异，并且，对于每种方法下的整合程度以及其与兼并绩效之间的关系，它们都未能提出有益的观点。最后，虽然有证据表明，主购方的企业和国家文化特征是主购方整合决策中的重要因素，但这些具体特征并未得到充分考虑。换言之，主购方的文化维度会影响到它对整合水平的选择，最终会影响到兼并的成败。

现在，不妨来考虑一个新的三维框架，它将帮助我们选出适当的整合方法。这三个维度分别是：

■ 并购中的协同潜能。

■ 两家公司间的企业和国家文化差异。

■ 主购方的企业和国家文化维度及其特征。

与其他仅能体现出某一种整合方法的矩阵不同，这一三维框架的独特之处在于，能够实际指明各个方法下的整合水平，并对与各个方法相关的不同管理实践进行清晰的阐释。

此外，实际操作步骤还包括各个方法的实施，以及对一些问题的探讨，比如：需留存哪些战略能力、这些能力在多大程度上取决于对文化差异的保留，以及某些能力需要得到多大程度的转移。

7. 评价、控制和反馈

采用一个正式的程序来跟踪复杂的整合过程，是出于两个极为重要的原因。首先，在并购过程中，有诸多机制程序会影响兼并绩效，在实施阶段，还有很多环节会面临问题。由于这一过程中需要管理大量复杂的活动，而且会有很多难以预料的突发事件，整合进程动辄就会偏离正轨。对于并购的成败而言，系统化的、持续的评估和改进是极其关键的因素。其次，并购情况各异，难免会有随意性和不确定性。因此，需要依据具体并购情况制定并更新适当的方法、程序和体系，从而减少决策、行动和绩效上的随意性和不确定性。系统化的跟踪记录对于事后程序十分重要，也有助于强化兼并经理人的学习进程。

必须要预先界定好四个领域中控制和评估的方法、标准和模板：操作标准、整合标准、文化转变标准，以及必要的财务绩效标准。正是借助于这些标准和指数，管理者们才有可能对所规划的进程进行核查，并在绩效未达到界定标准时进行必要的修正。

结论

并购管理是一项复杂的工作，需要采取系统化的方法，结合运用诸多领域中的知识储备。在并购中采用跨领域的价值创造方法，也就意味着这一过程的各阶段之间在实现并购终极目标方面存在关联，这个目标即：实现预期的财务结果。

参考资料

[1] Chatterjee, S. , Lubatkin, M. H. , Schweiger, D. M. , and Weber, Y. (1992) . “Cultural differences and shareholder value in related mergers: Linking equity and human capital.” *Strategic Management Journal*, 13, 319 - 334.

[2] Ellis, K. M. and Lamont, B. T. (2004) . “‘Ideal’ acquisition integration approaches in related acquisitions of equals: A test of long – held beliefs.” *Advances in Mergers and Acquisitions*, 3, 81 - 102.

[3] Finkelstein, S. and Haleblian, J. (2002) . “Understanding acquisition

performance: The role of transfer effects. " *Organization Science*, 13, 36 - 47.

[4] Forbes M&A conference, Tel Aviv, Israel, October 15, 2007.

[5] Haspeslagh, P. and Jemison, D. B. (1991). "*Managing acquisitions and creating value through corporate renewal.*" New York: Free Press.

[6] King, D. R., Dalton, D. R., Daily, C. M., and Covin, J. G. (2004). "Meta - analyses of postacquisition performance: Indications of unidentified moderators." *Strategic Management Journal*, 25, 187 - 200.

[7] Schweiger, M. D. (2002). "M&A integration: A framework for executives and managers." New York, NY/London, England: McGraw - Hill.

[8] Schweiger, M. D. and Goulet, P. K. (2000). "Integrating mergers and acquisitions: An international research review." *Advances in Mergers and Acquisitions*, 1, 61 - 91.

[9] Stahl, G. K., and Voigt, A. (2008). "Do cultural differences matter in mergers and acquisitions? A tentative model and examination." *Organization Science*, 19, 160 - 176.

[10] Weber, Y. (2003). *Mergers and acquisitions management.* Peles: Rishon LeTzion (In Hebrew).

[11] Weber, Y., Shenkar, O. and Raveh, A. (1996). "National and corporate cultural fit in mergers/acquisitions: An exploratory study." *Management Science*, 42 (8), 1215 - 1227.

[12] Weber, Y. and Drori, I. (2011). "Integration of organizational and human behavior perspectives on mergers and acquisitions: Looking inside the black box." *International Studies of Management and Organization*, 41 (3), 76 - 95.

[13] Weber, Y. and Fried, Y. (2011a). "The role of HR practices in managing culture clash during the post - merger integration process." *Human Resource Management*, 50 (5), 565 - 570.

[14] Weber, Y. and Fried, Y. (2011b). "The dynamic of employees' reactions during postmerger integration process." *Human Resource Management*, 50 (6), 777 - 781.

[15] Weber, Y. and Tarba, S. Y. (2011). "Exploring culture clash in re-

lated merger: Postmerger integration in the hightech industry." *International Journal of Organizational Analysis*, 19 (3), 202 - 221.

[16] Weber, Y., Tarba, S. Y., and Reichel, A. (2011). "International mergers and acquisitions performance: Acquirer nationality and integration approaches." *International Studies of Management & Organization*, 41 (3), 9 - 24.

第三章　战略动机和考虑因素

概述

本书的主旨是，成功的并购是以对战略决策过程和结果行动的系统化管理为基础的。这与直觉型方法极为不同，在直觉型方法下，管理层不过是抓住了一些零星的机会，但最终却未能实现目标。与很多企业高管所想的相反，本书所主张的是，并购本身并非战略，而是企业战略实施阶段的一部分。本书提出了一种不同的角度，将并购战略看做是总体的企业和竞争战略的一部分，而非仅仅专注于具体的并购活动。因此，本章开篇将详述并购的种种动机，进而阐述包括并购在内的战略管理程序。

并购的战略动机

有很多种动机和相关理论可以解释并购的发生。人们普遍认为，并购的主要动机是要为利益相关者创造价值。这里要说到的一个主要动机是试图从并购中实现协同潜能，即合并后公司的价值要高于两家公司各自价值的简单加总。在这一动机下，管理者们期望实现股东利益最大化，对并购创造价值的潜力进行合理、精确的估计，从而最终创造价值。

还有一种观点，认为很多管理者所看重的并不是股东的利益，而是出于其自身考虑。有些经济学者在预见到较高的并购溢价时，往往会提出这种批评观点。在他们看来，参与并购的企业高管们不一定会为利益相关者创造价值。实施并购战略可以满足他们扩大疆域的私欲，让他们离“建立帝国”的梦想更近，同时还可以提升他们在业内的地位和身价，为他们带来极大的自我满足感。

行业动机来自全球化等促使企业合并的形势变化，或者来自可能会提升竞争者市场力或带来供应或分销链短缺威胁的产业联合。需指出的是，针对此类威胁做出的反应通常被称为“纵向整合兼并”。具体来说，由于受到供应短缺或客户匮乏等威胁而进行的兼并虽有可能创造不出价值，但却是企业生存的一个至关重要的举措。

组织动机可能包括多个方面，比如通过实现并购的各种协同效应来创造价值，如成本协同、不同职能领域间的知识转移，或者总体上的管理协同。并购的其他目的可能还包括改善竞争地位，打入新市场，以及“购买”技术或知识以代替内部开发。

最后，个人动机可能包括上文所述的顶层高管的个人原因。除此之外，管理者们因管理更大的公司而担负起更多的职责，因而便有机会得到更好的回报和薪酬。在某些情况下，主购方公司和目标公司的顶层高管可能会仅因完成一项兼并就获得一笔巨额奖金，惠普收购康柏一案即为如此。

本书重在探讨价值创造动机，包括战略动机和财务动机。此外，正如第二章“并购过程中一体化的价值创造模式”所述，我们的重点在于兼并各阶段（包括兼并后整合阶段）中此类战略和财务动机之间的关系。因此，本章将就兼并动机做更为深入的讨论。

协同效应

寻求协同效应是我们上文提到的开展并购活动的一个主要原因。这主要是指，与两家公司各自经营的情况相比，二者结合后将为其股东创造更多的价值。第五章“协同潜能及其实现”详细介绍了协同效应的各种组分，以及用来分析和评估协同效应实现情况的管理工具。

若管理得当，公司可经由并购活动中协同效应的实现获得利益，尽管这其中的奥秘往往难以捕捉。两家公司现有资源的合并，可创造额外的价值。例如，降低平均成本进而提升利润便是并购的一个主要动机。两家公司通过合作来合理安排各类职能和业务单元（比如生产程序），便可实现资源的有效利用，降低单位成本，增加产出，同时还可共担成本。协同效应可通过规模经济实现，在规模经济下，基础设施和总部运营成本等固定成本会得到分散，两家公司合并后的生产水平将大幅提升。

并购还可以带来范围经济。这一概念是指多元化公司可在不同价值链之间分摊投资和成本，比如分摊多种产品共同研发、生产、营销或分销的成本。因此，协同效应还可通过增加营业收入而不增加合并成本的方式实现，比如，可以通过互补性的销售组织和分销渠道来交叉销售产品。

市场力

收购竞争对手可以提升主购方公司的市场力，使主购方得以维持或提高服务或产品的价格，从而提升利润率。因此，消除竞争对手及其市场力，也是并购的一个主要动机。

以下三种情况通常会导致以提升市场力为目的的并购：

■ 市场需求下降导致产能过剩，从而带来削价竞争的威胁。在此情况下，并购可保障更有竞争力的地位，使主购方得以维持或提高价格。

■ 进入门槛较低，国际竞争加剧，因而存在产能过剩和降价的威胁。

■ 法律约束的增强可能会促使某些不合法的公司建立某种联盟关系，这时，并购便成为一个不错的选择。

因此，通过并购，竞争者及其市场力可能会被消除，胜利者所赢得的是更强的市场力、更高的价格以及更可观的利润。

多元化

多元化的目标是买方在其核心业务和市场之外进行收购。当一家公司进入其毫无相关经验的新市场和新行业时，多元化就出现了。因此，公司可以实现经营活动多元化，并且有望通过增加新产品和服务、在现有资源之外获取新技术，以及吸纳新的管理人才来提高经营收入。

然而，多项研究发现，多元化在很多时候会减少股东价值，事实也表明，公司要实现多元化总归不像投资者实现个人投资组合多元化那么容易（不过也有少数例外，比如伯克希尔哈撒韦公司）。论及合理性，顶层管理者的出发点是，此种并购可以减轻股东的风险，因为它可将投资和资产分散到若干不同行业，从而可减少对某一项或某几项收入来源的依赖。公司追求多元化的一个主要理由是，希望找到资金流彼此不相关的业务领域，这样多个资金流合到一起，就不太容易受到核心产品和行业意外变化的影响。打个比方说，如果公司有多个支柱，它就会更加稳固。

多元化的另一个普遍动机是为了将资产从增长率已经或将要出现下降的

现有核心业务领域转移到增长潜能更高的其他市场和行业中。对于这些公司而言，与其通过开发自有产品和市场来寻求内部增长，倒不如进行多元化的并购。一个成功的案例就是克莱斯勒因青睐 Jeep 品牌而收购美国汽车公司（AMC），克莱斯勒之所以未选择自行开发，是因为它预见到，依靠自身在这一市场中占据重要地位并非易事，需要相对较长的时间。

财务和税务事项

与经营运作中的协同效应不同，主购方公司或并购后的新设公司可能会在资本成本方面获得收益。资本成本的缩减可能源于经营运作中的协同效应，也可能源于证券和交易成本降低等其他一些因素。比如，公司规模扩大后，所发行债务的平均利率可能会降低，所支出的法务费或普通股权益等资金成本也会减少。此外，还有机会获得税务减免，比如净亏损结转、杠杆率提升，以及通过资产折旧调整税基。

估价比率

估价比率即市场价值与资产价值之比，这可能是并购的动机之一。首先，公司的顶层管理者可能具备一般性的管理技能，比如制定和实施适当竞争战略的能力，这些技能可能会逐渐转移到被购方公司并改善其绩效状况。有些公司会通过股票市场以相对较低的价格收购其他公司，而后又在被购方绩效改善后将其全部或部分卖出，借此获得收益。另一个原因可能与资本市场的缺陷有关，即如果一家公司的股价低于其资产价值，那么其价值就会被“低估”，因而极易被他人收购。当公司采取较低的股息支付率，以保留较高的利润率用于再投资时，这种情况就会发生。在跨国并购中，资产估价差异的可能性会更高。

代理理论

根据代理理论，并购经理人的主要目标在于公司的增长，而非盈利能力。因为进行此类活动的公司大多由受雇经理而非股东负责运营，因此，经理们可能更为注重其权力、地位、收入和职业保障的提升，而这些都有赖于公司的增长。

代理理论表明，已实施增长最大化战略且增长迅速的公司进行并购的可能性最大。此类理论还表明，快速增长的公司会为管理者提供更多的薪资，并且，由于被收购的可能性较小，也会给予更多的职业保障。一些学者认为，尽管公司规模与盈利能力之间不存在关联，但大型公司被收购的可能性要低于中小型公司（Gomes，E.，Angwin，D.，Weber，Y. 和 Tarba，S. Y.，2013）。他们指出，大型公司出现任何幅度的规模增长，在降低被收购可能性方面的影响都大于中小型公司。因此，公司总体上都有不断扩大规模的趋势，这是为了更好地防御被收购的风险。

企业战略和竞争战略中的并购战略管理

为了做出并购决策并顺利地付诸实施，这一战略方向必须得到完善的企业和商业战略的不断推进。不过，很多时候，管理层做出战略选择，仅仅是为了应对紧急的威胁或机遇，而并没有一个促进增长的整体战略计划。本节即要提出一种以战略规划为基础的并购方法，并将之作为企业总体战略的一部分。

有人提出，从根本上来说，战略就是一种思考方式。还有人认为，应当关注的是灵活性和战略变通性。这些想法虽在日常挑战面前有一定的说服力，但却难以用于实践，因为它们在实施方面几乎提供不了任何指导。与任何战略规划一样，系统性的规划方法自有其优势，不仅能帮助认清当前和未来形势，而且还能对不期料的情况未雨绸缪，激发管理者们的并购动机和行动，形成一种控制体系，等等。

顶层高管的一个主要任务就是确定参与竞争的市场和行业以及如何竞争，从而在最大程度上实现长期增长和盈利。为此，顶层高管会实行一套战略管理程序，以确定整体战略。关于并购，需做出两项重要的决定。其一，要决定是否以及何时将并购作为整体战略的一部分加以实施。为了实现增长和盈利，有很多战略方案可供选择，比如设立合资企业、采用外包、投资于产品和公司差异化；通过特许合约进入国际市场；开发新产品，等等。在所有情况下，并购都是一个不错的选择，比如在我们上一个关于新产品开发的例子中，管理层可能需决定是要“制造”还是“购买”，也就是说，收购一家公司是为了技术还是为了产品。

如公司规模较小，则投资相对较少，一段时间内的现金流较少，且可较快实现盈利，因此，其所面临的风险也较小。然而，此类公司预期获得的利润和现金流水平却相对较低（见图 3 – 1）。

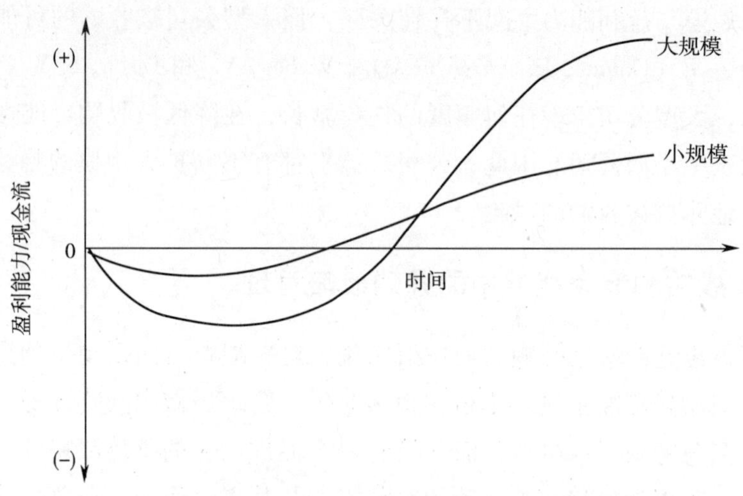

图 3－1　一段时间内生产规模对盈利能力/现金流的影响

如果第一项决策的结果是肯定的，即管理层决定收购，那么第二个战略决策便是选择最佳的并购目标公司。大多数情况下，在选择最佳目标公司时，要将潜在目标一一列出，并予以分析和考虑。战略管理模型（见图 3－2）提供了就前述两项决策进行系统分析和做出反应的方法。此外，这一模型还可指导管理层分析并购候选公司及评估两家公司之间的匹配度。在后面第七章“搜寻、筛选和选定并购目标”中，我们将介绍更详细的流程。最后，根据

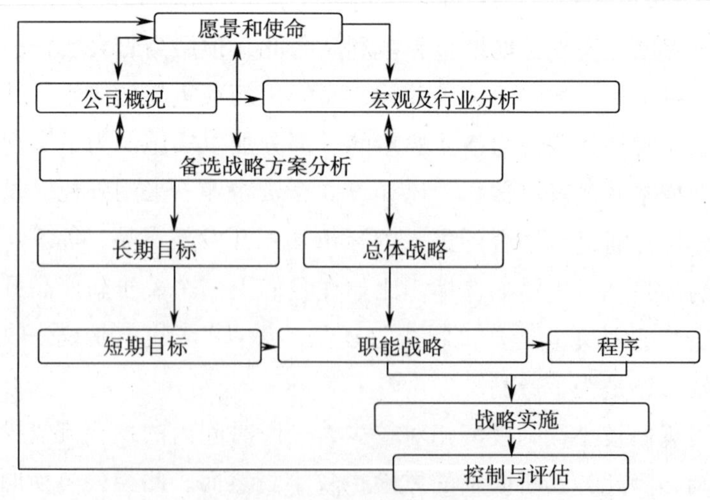

图 3－2　战略管理模型

这一模型，顶层高管便可着手进行第二章“并购过程中一体化的价值创造模式”所述的“并购价值创造模式”的第一步了。

任何顶层高管团队都要面临两项最为重要的决策，一是确定长期目标（可由指标体现），二是选择用于实现长期目标的总体战略。这一总体战略引导着一切职能部门的一切活动。

这两项关键决策都是以公司的未来增长和盈利为目标的。为此，需要收集数据并进行分析。数据描述的是公司所处环境和行业中的机遇与威胁，以及竞争优势和劣势、长处和弱点、有形和无形资源。通过这一分析，将形成若干备选战略方案，以及具有挑战性而又合理可行的长期目标。

选定的总体战略和长期目标将指导实施计划的执行，而实施计划必须要与战略和目标相符。需注意的是，总体战略和目标的选择也取决于实施程序的可行性。作为实施计划的一部分，短期目标和每一项职能战略（如营销、人力资源、财务、后勤战略等）也需依据总体战略和目标而确定。

同样，实施计划将带来组织结构和组织文化的改变，此二者均须与总体战略和长期目标相一致。最后，需建立一套控制和评估体系，使之用于有关公司各个方面的程序、阶段和决策过程，也要与战略管理模型相适应。图3－3说明了战略实施计划中各变量间的关系。

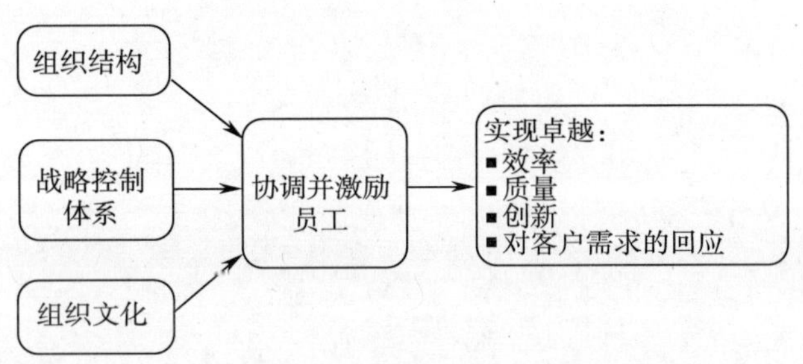

图3－3　战略实施计划

这一战略管理模型可指导管理层做出有关并购的两项重要决策。一是将并购作为一种战略，二是选择合作伙伴。下一章将详细探讨这两项决策过程。

在第一项决策下，并购作为战略管理程序的一部分，推动实现长期增长和盈利。在第二项决策下，与主购方公司具有最佳战略匹配度的目标公司得以确定。在下一章中，我们将系统、深入地描述这两项与并购有关的重要战略决策过程。

参考资料

Gomes, E., Angwin, D., Weber, Y., and Tarba, S. Y. (2013). Critical success factors through the mergers and acquisitions process: Revealing pre – and post – M&A connections for improved performance. *Thunderbird International Business Review*, 55 (1), 13 – 35.

第四章　并购战略决策

上一章介绍了并购战略决策的系统过程。本章将具体阐述这一决策过程以及两项主要的并购战略决策。一项决策是，是否要将并购作为战略管理程序的一部分，以推动长期增长和盈利；另一项决策是，要选择哪一家公司作为战略匹配度最高的并购目标。下文将对此予以详述。

决策一：是否要将并购作为现有战略的一部分

很多公司都是在应对突发性的需求、威胁或机遇时做出战略决定和选择的，而并非出于一以贯之的总体增长战略的考虑。比如，某一家公司原本并无任何并购计划，但却可能在偶然情况下去考虑某一项并购是否有利可图。但是，对战略做好规划无疑是更可取的做法。无论何时，只要可能，并购决定都应当是持续战略过程的结果，而不能仅仅出于应激状态下的一时兴起。

若要充分评估某一项并购能否作为公司的适当战略，就需要对公司的战略格局有一个清晰的认识。制定了明晰的增长战略，公司便有更多战略方向的选择，从而能够清晰地评估并购是否优于其他战略选择，并认清与其战略和目标相适应的并购类型。

很多公司都制定了并购预算，以鼓励管理者们去寻找潜在的战略目标，进而根据并购绩效对其进行评估。不过，虽然以并购促增长的做法已相当普遍，但这一决定本应在采用了第三章所述的战略管理程序之后做出。例如，在采用战略管理模型的情况下，公司有必要在就并购活动做出重大战略决策之前对行业和外部环境进行全面分析。同样有必要评估的是，相关背景以及政治、社会和经济环境是否有利于伙伴关系的建立。比如，当地政府能否接受私人部门参与公共事务？当地政府、社区与私人部门之间关系如何？监管环境与市场整合有何关联？对于这些因素以及宏观环境的其他方面，必须要认真考虑。

同样重要的是，要对行业和竞争环境进行分析，以了解行业内的竞争激烈程度，这种竞争程度对该行业在盈利空间上的吸引力有何影响，该行业及其相关市场的关键成功因素是什么。对于这些问题以及宏观环境的其他方面，应当利用波特五力分析、生命周期分析、战略集团分析、市场细分等框架加以分析，具体如图 4－1 所示。

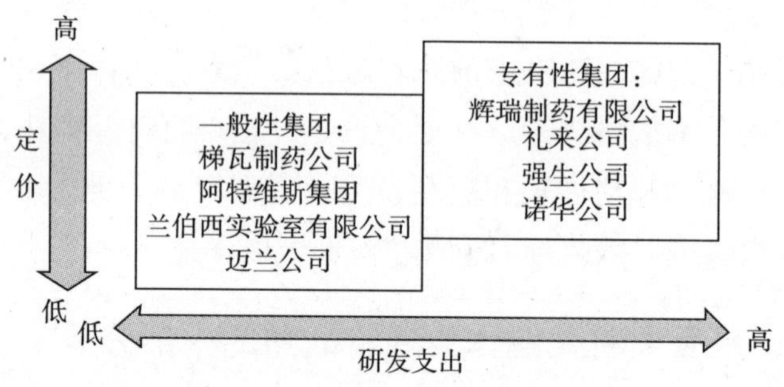

图 4－1　制药行业战略集团

最终分析应包括行业内公司面临的所有机遇和威胁。通过全面评估这些因素，公司将在协作安排方面做出更好的战略选择，从而为实现组织目标做好进一步准备。

同样，也有必要分析公司的内部能力。为此，重要的一步是分析公司的价值链。价值链这一概念将主要活动和辅助活动区分开来（见图 4－2）。因此，有必要分析这些活动中部署的资源、各项活动之间的联系，以及价值创造过程所涉及的各项竞争力。这样，公司便可评估其核心竞争力和实际战略能力。正是凭借这些能力，公司才能获得竞争优势，相较其他竞争者为客户提供更多的价值。

当公司意识到其需要改进或获得某些资源或竞争力，以便更有效地推进其价值链上的某些活动时，它可能需做出一个决定：是从内部入手（生产）还是从外部入手（购买）。如果两家公司有不同的核心竞争力，且在推进不同的价值链活动，那么它们便可形成一个互补的战略联盟或合资企业，抑或买进这些资源和竞争力。

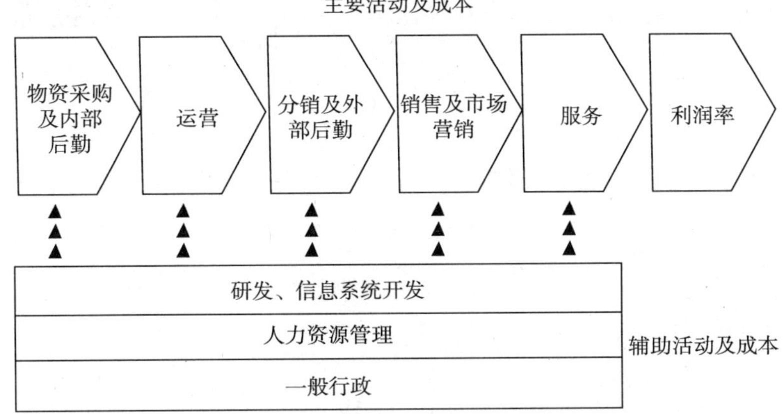

图 4-2　公司价值链模型

另一个重要的考虑因素是利益相关者的预期和组织目标，这是因为此类个人和团体对公司享有利益且具有影响力，他们的需求是战略管理过程中的关键因素。无论战略决策过程中的权利结构如何，利益相关者在实施过程中都会发挥极其重要的作用。因此，本书强烈建议对各类利益相关者的预期和参与进行全面分析。图 4-3 举例说明了客户组群。

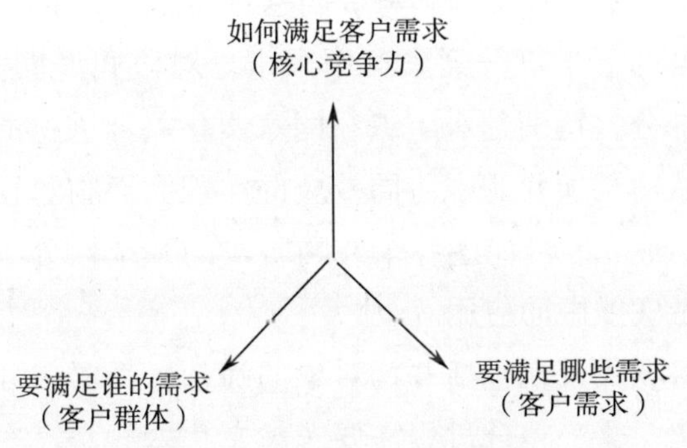

图 4-3　公司使命模型定义

为获得价值链活动中的重要竞争力，需要在并购与替代战略之间做出选择，而客户群体和需求以及相关的独特竞争力可能会影响这一选择。这可能会影响到作为公司使命和愿景重要组成部分的业务界定。在就并购中的投资规模进行战略决策时，比如在通过并购进入新市场、新地区或新行业时，调整公司的使命宣言也不失为明智之举。

决策二：选择合适的并购合作方：战略匹配度和兼并后整合

成功的并购总是从自我审视和分析开始的，启动并购的前提是要通过分析得出这样一个结论：与单枪匹马、独自奋战相比，并购可使公司更现实、更迅速、更高效地达成战略目标。战略管理模型及其组成部分可用来考查每一个并购候选对象。利用这一模型，可分析出一家公司与兼并合作对象之间的战略和组织匹配度。有三个问题需要重点考虑：

1. 协同潜能。

2. 协同潜能实现能力。

3. 实施兼并的风险、成本和耗时，即兼并后的整合程序及其挑战。

战略管理模型的上半部分元素可用来指导对协同潜能的分析。通过考查两家公司的使命宣言和业务界定（见图4－3），可以发现二者的异同。某些差异可使二者取长补短。但是，如双方顶层管理者看待其业务的方式有巨大差异，却可能造成严重的冲突。同样，通过分析和比较两家公司的概况，便可知道有哪些资源和技术可以分享，哪些可以从一方向另一方转移。某些资源和技术具有互补性，而其他一些则较为相似。在分析要转移什么、要在何处去除冗余以削减成本、要如何转移等问题时，需要采用一种系统性的方法。

战略管理模型的下半部分元素可用来指导对协同潜能实现能力的分析。因此，战略执行部分，特别是对组织和国家文化差异进行的系统性分析，可使分析者更好地认清某项并购中协同效应的实现会面临怎样的挑战。第五章“协同潜能及其实现”中将详述各个并购阶段的系统性分析、方法、主要的文化层面问题以及实践中的应用。

规划阶段的各项决策，包括并购对象的筛选，都要在分析整合过程及相关挑战后方能做出。这一整合过程需要考虑文化差异和潜在冲突、被购方管理者忠诚度及合作意愿降低的可能性，以及并购后一年内被购方顶层高管和骨干人员流失的可能性。第四部分“兼并后整合与实施”的若干章节将一一阐述这些问题。第六章“文化和文化差异分析”将探讨并购对象筛选过程及管理工具。

多元化：两个主要兼并类型

多元化是指一家公司进入到与其核心行业不同的新行业的过程，也就是说，这家公司将在与原有市场截然不同的新市场中向客户出售新产品。下节将进一步探讨与此相关的几项问题。

进入新行业

为了成功进入新行业领域，必须要考察三项问题：

■ 新行业的盈利空间——选定的行业需要有足够的盈利空间，这样才值得为之放弃其他行业选择。

■ 新行业的进入成本——进入一个新行业需要克服诸多障碍，而且还会引起竞争者的激烈反应，以至于影响到未来盈利。

■ 协同优势——新业务单元应当为公司带来或从公司得到更多竞争优势，使未来的盈利超过并购成本或设立新业务单元的成本，同时也超过进入新行业所付出的成本。

通常，一家公司在试图进军一个新行业时，对于这个领域几乎没有任何经验。买入此行业中的公司也是一个买入知识的过程，是逐步了解如何在新环境中运作并参与竞争的过程。与通过内部开拓而进入新行业的做法相比，此种并购通常是更高级别的投资活动。换言之，并购是高层次的行业进入途径，面临着文化差异的风险和整合过程的挑战。相反，在内部开拓新领域的情况下，投资规模通常较小，时间也较长，但有关新行业的知识却远远不足。通过并购进入新行业的做法有如下优缺点：

■ 主购方公司缺乏新业务领域所需的重要竞争力。

■ 进入的速度十分重要。

■ 通常认为并购这一进入方式风险较低。

■ 进入障碍可通过并购加以克服。

作为进入新行业的一种途径，并购可能有下述几点不足：

■ 无法完成对被购方公司的兼并后整合。

■ 高估了并购的经济效益。

■ 低估了并购的相关成本。

■ 无法正确筛选并购对象，无法确定适宜的并购方案。

公司需考虑的另外一类问题是，要如何在不同行业中实现业务多元化，从而推动长期盈利增长。方法主要有两种：一是在新行业与原行业不同时，实现无关多元化；二是相关多元化，包括水平整合和垂直整合。

无关多元化：新业务

无关多元化战略是指主购方进入其经验甚少抑或全无经验的新业务领域，其目标在于将公司的单一核心业务转变为多元业务。论及原因，或是因为难以保持以往的增长率，或是因为受到反垄断威胁，或是为了减轻对某一个或某几个业务或行业过分依赖而产生的风险。如果公司风险因不相关的现金流等因素而减轻，那么资本成本也会随之降低。一些公司，比如泰科公司、伯克希尔哈撒韦公司和通用电气公司，就成功实施了此种战略。但成功毕竟只属于少数公司，大多数的企业大联合都未能增加股东的价值。

公司投资的多元化并不像投资者个人投资多元化那么容易。研究表明，多元化战略风险重重，因为它要求公司进入未知的产品和市场领域。最近的一项深度研究（Palich，L.，Cardinal，L. 和 Miller，C. C.，2000）将三十年来有关多元化与绩效之关联的研究成果进行了汇总分析，得出这样一个结论：与程度过低和程度过高的多元化相比，中等程度的多元化会带来更高的绩效水平（见图 4－4）。

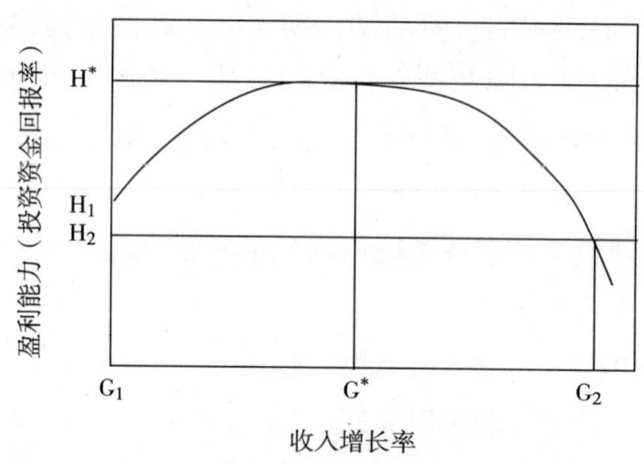

图 4－4　多元化对公司绩效的曲线影响

具体而言，上述研究为曲线影响提供了确凿的证据，即，当公司从单一业务战略转变为相关多元化战略时，绩效水平会上升；而当公司从相关多元化战略转变为无关多元化战略时，绩效水平会下降。绩效下滑的一个原因是，多元化必然会导致公司总体支出增多。这些公司成本（包括间接成本和管理资源）将被分摊给每一件产品或每一个业务单元。同时，这还会耗费管理层的精力，使顶层高管和专业人才无法专注于主要业务，这对于绩效而言是有害无益的。每一个业务单元的管理层都需要花费时间向主要管理者汇报、进行规划、与其他业务单元协作，以及处理职能性事务，比如人力资源、广告宣传、财务管理等。

相关多元化

相关多元化战略是指主购方进入与其现有业务单元相关的新业务领域，这种相关性是通过其价值链上某些职能与新业务之间的联系而形成的。相关多元化旨在通过共享资源、利用独特竞争力以及在两家公司间转移专有知识和技能来提高利润和销售额。因此，营销、制造、后勤等任何职能部门中的任何最佳做法都可被转移到另一家公司，以增强主购方或目标公司的竞争优势。这一战略重点在于相合并的两个业务单元之间的协同潜能，主要有两种并购方式：水平整合与垂直整合。

水平整合

这一并购战略侧重于同一市场或行业中的竞争。在该战略下，管理者们可利用自身在某一竞争领域内的知识和资源储备来增进公司的组织凝聚力。借助于此种关系，可以在工厂（生产部门）和公司（业务部门）实现规模经济和范围经济，进而降低成本结构。也就是说，并购可以削减多余的业务单元、部门和职能，从而通过降低固定成本而获利。这种方式为大多数并购所采用，遍及多个行业。比如，在汽车行业，有戴姆勒与克莱斯勒的兼并；在微缩胶卷行业，有富士与施乐的合资业务；在通讯业，有数码通电讯公司对 P－Plus 的收购，以及德国电信对环球与岛屿通信公司的少数股权投资。

水平整合的另一个目的是通过消除竞争者而减少业内竞争，提高市场份额，并通过缩减市场容量而提升价格。同时，通过这一途径，公司可获得对商业活动的控制，从而增强与其他公司交涉时的支配地位。水平整合还可以通过合并产品线来增大产品差异，从而集中供应范围更广的系列产品。这样一来，客户便能以合并价格买到一整套产品，且会时常享受到折扣。有一种与此相关的增大产品差异的方法即交叉销售。这种形式的并购，先是购入新产品或新类别，随后将之卖给客户，实际上是利用了公司已与客户建立起的关系。如能提供一整套解决方案，客户便可节省时间和金钱，因为他们不必再与那么多的供应商进行交易了。所以，水平整合可使合并后公司的产品具有更多差异化的价值和吸引力。

通过购入新的产品、服务、技能、知识和技术，以及获得新的分销渠道，水平整合将有助于增强竞争力。一个强大品牌的创建和发展通常需要很长时间，因此，并购可谓是买入现有强势品牌的最快、最有效的途径。印度塔塔汽车公司与中国汽车制造商南汽集团/上汽集团分别收购捷豹/路虎和MG品牌即为如此。这一假设得到了市场力理论的支持，该理论认为，一旦增强市场力，公司在竞争中便有了更多胜算，而这一目标也可以通过与其他公司进行协作而实现。

很多消费品公司和制药公司为了扩充产品种类或改进新产品供应线，也采用了水平整合战略。

水平整合也可使合并后的公司获得与供应商和买方议价的能力，这或是会降低从供应商处购买产品的成本，或是会提高向买方收取的价格。

并购战略或是进攻性的，或是防御性的，这取决于所涉公司的具体目标和所涉行业的具体形势。进攻性并购的目的在于增强公司竞争力，同时削弱竞争对手的行业地位。相反，防御性并购是为了构筑行业进入障碍，以确保自身竞争地位，防止竞争对手取得支配地位。

如前文所述，并购往往无法实现所计划的目标。论及原因，或是由于公司无力应对文化差异挑战，或是由于顶层高管和骨干人员严重流失，或是由于低估了整合问题、对兼并后整合过程缺少规划，或是由于高估了并购所能带来的收益。水平整合还会带来其他问题，比如：对某个行业过于依赖，或者过大的规模使公司与反垄断部门之间发生冲突。

垂直整合

与水平整合不同，垂直整合的目标是为了进入供应来源（后向垂直整合）或分销渠道（前向垂直整合），抑或二者兼有。当两家公司在同一产品生产过程或同一服务过程的不同阶段相结合时，就出现了垂直整合，这种整合或是沿着实际价值链向前进行，或是向后进行，抑或双向而行。这种整合既可为公司的运作提供保障，扩大公司对某一业务的控制范围，又可减轻对其他业务的依赖。这些举措对组织整合和标准化水平的要求相对较低，但对协作水平的要求较高。当然，公司也可以不通过并购即扩大其运作范围并进入新的行业。比如，苹果电脑公司建立连锁店来销售其iPod和电脑产品，借此进入了零售业。

无论如何选择，垂直整合都会降低成本，增大产品差异，或者减少行业竞争，因为它能够促进对增效资产的投资，保障产品质量，进而改善生产调度。其中某些目标可通过不同方式来实现，比如降低原材料可变成本，改进产品开发与制造的衔接进而降低总成本，以及在最大程度上减少对外关系管理（比如采购职能）成本。

如果垂直整合是朝着供应来源方向进行的后向整合，那么公司便可对供货的质量和交付情况进行更严密的控制。由于可以成本价获取，这些供货的价格就会降低。这种机制能够减轻或摆脱对某一特定供应商的依赖。此类整合的一个例子是家得宝公司对照明、供暖和管道公司的收购，其目的即是为了更好地控制供应来源。

在公司扩张阶段，与自力更生相比，这可谓是获得现代化工厂和专业设备的更为快捷的途径了。同样的道理也适用于那些希望直接购入新技术、研发所得专有知识甚或专利的公司。

如果垂直整合是前向的，公司便可更好地控制批发或零售定价政策，并与客户建立更直接的联系。因此，这种途径可确保市场对其产品有持续的需求。通过此种并购，公司可直接获得一个营销部门，或者干脆接入新的分销渠道。它还有助于公司进军新的地理区域。垂直协作模式的重要性日益增加，一个原因是，当前越来越多的产品都需要多种不同技术的支撑，而大多数公司都无法在所有这些技术领域中一直保持先进地位。这就要求不同公司在价值创造程序的不同阶段开展持续的协作。此种协作模式的另一个重要推动因素是，很多公司希望在全球参与竞争，同时又面临着复杂且不断增加的业务，因而不得不与合作伙伴共同分担由此产生的巨额固定成本。

增值链上的每一个阶段都处在一个不同的行业，在这每一个行业中，有很多家公司在彼此竞争。因此，这种并购必须要考虑到这样一个问题：与增大产品差异或降低成本相比，在价值链的某一阶段创建新业务的做法能提升多少竞争力？此外，某些公司，比如造纸业公司，可通过自有业务生产出用于加工或处理制成品的所有必要投料，由此便可全面实现垂直整合。

综上所述，垂直整合战略有如下几大优势：

■ 可以通过投料要求设置行业进入障碍，或者通过留住现有忠诚客户使新竞争者难以与之接触。

■ 可促进对增效资产的投资，从而解决生产计划问题和内部相互依赖问题。

■ 可更好地进行生产计划和调度。

■ 可通过投料控制以及产出分配和供给来保障产品质量。

尽管垂直整合优势颇多，但在内部供应方不愿降低运营成本且因买方稳定而丧失竞争能力时，垂直整合也可能会提高成本结构。在此情况下，其他独立供应商便可能会向其竞争对手提供成本更低的同种投料。当行业技术发生急速变化时，实施垂直整合战略的公司可能会发现自己被陈旧、低效的技术所束缚，无法向新技术跳转。如下几点即为垂直整合的劣势所在：

■ 内部采购成本较高。

■ 技术一成不变。

■ 难以根据市场需求的不确定性和波动性来调整投入和产出能力。

某些情况下，与其实施垂直整合战略，倒不如结成战略联盟，比如设立合资企业。下一节即将探讨这一主题。

合资企业

垂直整合所带来的诸多益处也可借由其他途径实现，比如通过签订各类长期协议与处于增值链上的其他公司形成合作关系，即结成战略联盟。此类合作协议所涉范围极广，从设立正式的合资企业，到签订短期承包协议，再到设定原材料采购价格和条件，均为此种性质。

合资企业是出于某一特定目的而设立的实体，对于该实体的独立业务，两家或多家公司同时享有股权。与大多数合伙不同，合资企业的存续期限是根据协议的终止时间而预先设定好的。合资企业涉及两家或多家依法存续的公司（母公司），每家公司都投资于该合资企业（子公司），并积极参与其共有的这家实体的决策活动。

合资企业具有诸多优势，是最受青睐的联盟模式，尤其被视为一种参与国际竞争的捷径。公司之所以受益于外国合作伙伴，是因为后者对东道国的竞争状况、政治体系、文化和语言有深入的了解和掌握。例如，某些国家的政治规例将合资企业视为唯一可行的进入模式。因此，在 20 世纪 90 年代，西方国家的公司广泛采用合资企业模式，以期借此进入东方市场，比如日本和中国。

然而，合资企业的失败率却很高，这是因为合作的某一方往往会试图在合作关系中占据主导地位。合资企业的一个风险在于，一家公司可能会将自己的技术拱手让与其合作方。另一个缺点是，合资企业并不像并购那样实行严密的控制，这会使公司难以实现经验曲线效应或区位经济效应。由于在任何程序和投资活动中都不得不考虑合作方的利益，每个决策过程可能都不轻松。在国际层面上，这可能会使那些依赖于合资企业合作方的公司面临参与全球战略协作的问题。

战略性外包

战略性外包是指一家公司将其价值链上的一个或多个活动或职能交由另一家公司来开展或履行。对方公司通常是价值链上某一特定种类活动的专家或具备相关的技能和知识。通过将价值链活动外包，公司便可较少关注那些价值创造活动，将精力更多地放在其他活动上。当一家公司与一个重要的供应商或分销商达成长期合作协议以寻求互惠时，价值链合作伙伴关系便由此形成了。一个例子就是来自日本汽车制造商的“精益生产体系”，这一体系最初被称为“丰田主义”，与传统的“福特大量生产体系”相对。在福特体系下，公司往往会尽其所能地进行垂直整合，而在“精益生产体系”下，“协作”才是关键所在。

外包的活动通常都是那些在管理者们看来非为核心也不具战略意义的活动。一旦意识到需将重点放在核心业务上，公司往往会越来越多地将非核心活动外包出去，因为它们既不是公司独特竞争力所在，又不会给公司带来相对于外部专业供应商的竞争优势。因此，与其与供应商和买方保持相互独立的短期关系，倒不如与之建立长期的协作关系。

在很多行业中，这一新形式已使供应链管理发生了变化。由此，处在同一价值体系中的公司开始更密切地与其选定的、数量更为有限的供应商进行合作，供应商越来越多地参与到产品设计过程中。论及优点，战略性外包可通过质量改进和创新等途径，在降低成本结构的同时增强差异性，进而提升各协作方的竞争地位。这带来了各种各样的协作安排，公司借此在价值链的各个阶段开展合作，比如及时供应商关系、单一货源供应商、合作开发、技术共享和交叉许可协议、增值转销商，以及增值代理商。

战略性外包也可能带来风险，比如被合作方夺去某一竞争优势，使之成为潜在竞争对手。此外，公司还可能过于依赖某一具体价值链活动的供应方。因此，公司一方面要以开放的姿态与合作方共享资源和竞争力，另一方面也要提防合作方夺走其核心竞争力。

参考资料

Palich, L. , Cardinal, L. , and Miller, C. C. (2000). Curvilinearity in the diversification performance linkage. *Strategic Management Journal*, 21, 155 – 174.

第二部分

关键成功因素的分析工具

第五章　协同潜能及其实现

概述

当管理者阐释其并购项目的合理性时，协同潜能是他们提出的最主要原因。然而，并购失败率居高不下的事实表明，很多并购项目中，所谓的协同效应要么是一种无凭无据的幻觉，要么因整合实施不力而终究无法实现。本章将阐述不同领域的协同效应，以帮助管理者更好地评估、更多地关注真正的协同潜能。此外，有若干章节将阐述知识转移作为一种协同效应来源在并购中日益显著的作用。本章最后将提出一种识别和分析协同潜能的方法。

协同效应来源

并购的主要动机在于，双方可通过这一过程实现协同效应，从而共同创造更多价值。在并购中，“协同效应”一词是指两家公司合并后各个环节、活动和程序的总和大于双方合并前上述各项因素的算术加总。更简单地说，并购中的协同效应就是指两个商业实体在合并后将获得更多的收入以及/或者付出更少的成本，因而享有更高的利润。

并购中增加的价值有多重潜在来源，主要体现在三个领域。对于这些来源，需要发挥良好的管理技能，从而实现协同效应：

■ 共享资源，如业务活动和设施。

■ 功能类知识和能力在双方之间的转移。

■ 管理类知识和能力在双方之间的转移。

对于公司合并所带来的其他益处，通常不涉及特殊的管理技能，比如，两家公司合并采购时，可更好地与供应商讨价还价。后续章节将具体阐述各类协同效应来源。

共享资源

合并业务单元、部门和职能，同时削减冗余的业务活动，可以节省大量成本。比如，让一个而非两个销售团队去售卖类似的商品和服务，便可以省下巨额开支。同样，若能将国内和国际分销渠道整合到一起，便可精简流程，每年减少数百万美元的成本。而合并双方的制造设施、人力资源部门、财会业务、采购活动、内外部后勤设施以及信息技术网络，同样能够大幅削减运营支出，提升运营效率。

双方共享服务，可以增强并保持竞争优势，因为这种做法可实现规模经济进而节省成本，可使双方有效配置和使用资源，并可加快学习曲线的上升。

被购方在兼并后往往对合作产生抵触情绪，一个最主要的原因在于，被购方的管理自主权遭到了剥夺。由于需要与主购方进行协作、向其汇报并受其控制，被购方公司的管理者们觉得失去了自由和自主权，因而产生了不愿顺从的心理，这样一来，并购的预期效益必然会大打折扣甚至荡然无存。

在第四部分“兼并后整合与实施”的若干章节里，我们将探讨上述问题及相关行为问题、整合水平以及应对这些影响的方法。因此，两家公司兼并后整合的程度以及随之而来的自主权剥夺程度，都会影响预期协同潜能的实现。对于这些重要问题，在并购活动规划和实施阶段都应予以考虑，这样方能把握住协同潜能。

知识、技能和能力的转移

两家公司之间转移的知识和最佳做法可提升营业收入，同时降低成本。有很多转移知识和最佳做法的办法。公司在研发管理、产品设计和制造流程方面拥有的知识产权是价值难以估量的持久竞争力来源。与招纳高技能人员以及有效利用分销渠道、供应商基础和融资来源有关的知识，同样可以增强合并双方的实力。说到底，合并的一方或双方如能在学习进程中转移彼此互补的功能性竞争力，便可获得更多竞争优势。

知识以及功能性技能和能力的转移是一个极其复杂的过程。很多时候，被购方公司的员工和团队所拥有的高度专业化知识和技能并没有一个成文的体现，也就是说没有具体的规范文件可循，因此便难以模仿和掌握。鉴于此，合并双方相互传授和学习的意愿和能力极其重要，是并购过程中创造价值的关键所在。

不过，一旦知识被成功转移，它便将成为一个巨大的协同效应来源，也成为并购的主要理由。因此，本章将对这些过程予以特殊关注。

简单地说，知识转移就是指经验或做法的转移。这包括双方整理、创造、抓取、分配知识以备未来之用的过程。从根本上来说，这无非就是双方共同实现未来目标，一方允许另一方拿走已有成果并对之进一步挖掘。或许可以这样说，在公司并购过程中，真正被收购的其实是主要工作人员的技能或先进的技术，这些元素有待于与现有解决方案融合到一起。

知识类别

知识有多种形式和多种来源。有些知识是显性的，有些则是隐性的，也就是说，它们或是便于记录的“有形”知识，或是仅存于人脑之中的无形知识。根据有形和无形的程度，知识还可被进一步分类，包括观念型、体知型、文化型、嵌入型和符号型。观念型知识，即依赖于认知和概念能力的知识；体知型知识，即具有社会性、以行动为导向的语境实践；文化型知识，即通过社会化和文化同化达到共同理解的过程；嵌入型知识，即包含在系统性规则中，与这些规则、角色等因素相关的知识；符号型知识，即通过符号、标志和各类载体呈现的显性知识。

还可以在组织或个人层面进一步理解“知识”这一概念，抑或两个层面兼顾。可以认为，嵌于载体中的知识是具有组织性的，但也不能否认，阐释和使用这些知识的总是个人。不过，嵌于载体中的知识不可能存在于组织之外，因此也不可能由个人传递下去。知识的个人属性让我们意识到，组织成员如发生变动，无论是由于依计划进行的重组，还是由于员工在并购后主动离职，都会影响到知识的转移。虽然可能有理由削减员工人数或者任由管理层发生变动，但这可能会严重影响原组织所保有的知识。在就这些问题进行决策时，需要考虑相关知识对于并购的重要性如何。凭经验来说，被购方越是属于知识密集型公司（即高科技公司），或者其业务越是侧重于服务业而非制造业，那么留住被购方员工就越为重要。在后一种情况下，这还与客户的留存有关。

知识转移程序

知识转移程序包括对知识的评估、分享和同化。这些步骤还可进一步细分为如下环节：在组织内确定知识持有人、鼓励知识持有人分享知识、创建知识转移机制、实际推进知识转移、采取措施确保顺利转移，以及将知识用于新的环境。

知识转移可通过多种工具实现，包括激励措施、联合工作或影子工作模式、练习、指导、导师制、社群学习、有指导的实践、有指导的试验，以及搭档合作。对于某一类知识而言，某些工具要胜于其他工具。比如，显性知识可通过简单的信息或文件形式转移，而更偏向于无形的知识则需要反复互动和指导方能实现转移。不过，文件和规范也可辅助这一知识转移过程。

并购之后的知识转移需要仔细规划，并与其他并购活动紧密结合，比如个人的社会融合、文化问题、领导和沟通等。我们将在第四部分深入探讨这些问题。

具体的知识项目有待定位，并在可能时加以记录，或以其他方式予以确认，一是确认知识由谁持有，二是确认应如何衡量（在利益等方面），从而确保骨干人员对并购和新组织的忠诚度。为了减少风险，应当对由员工个人持有的知识进行分析，考虑如何将之共享或转化为文字记录。这一知识转移过程有赖于人们对其所持的积极态度，同时也要求双方在组织领导和并购愿景上怀有信念，并对彼此信任不疑。这可能需要一定的时间。沟通是建立信任的重要一步，同样，人际间的社会交往也是实现知识共享的重要一步。在创建知识转移机制时，需要并行推进多个不同的方案，包括通过社交和沟通建立人际信任、组织会议、建立社群等，从而促进知识的互换。这个过程还要求创建适当的机制和文件体系来支持知识转移。

知识转移的相关问题

某些类别的知识较易于处理和转移，比如，显性（符号型）知识因具有可记录性，更易于与其持有者分离。可以借助手册、工作方法、指导和一些类似途径记录和转移此类知识。隐性知识的情况则较为复杂，它们的持有者甚至并未意识到它们的存在，而它们也难以被记录下来。此类知识存在于组织成员、人工制品、工具、任务等载体中，这也意味着，考虑到某些方面，比如知识持有者和接收者、知识类别、与接收者现有知识的匹配度等，此类知识或多或少还是易于转移的。组织载体可在一定程度上为知识转移提供便利，或至少有助于人们认识到知识的存在。

知识转移所面临的其他一些困难来自双方间的距离，包括地理距离、文化距离、组织距离，以及知识层面的距离，这会使一方难以理解另一方，难以对知识进行阐释。在并购之后，这些距离就会显现，在跨国并购中尤为突出。由于双方缺少共同的价值观或身份认同，知识转移就越发困难，而共同价值观的缺失也可能是并购带来的后果。这也便将知识转移与文化和身份方面的整合联系起来，说明此类整合应适当提前于知识转移，也说明知识转移是文化整合的一部分（转移价值观等）。语言障碍可能会对知识转移产生不利影响，同样，跨国并购的一些问题也与此有关。

知识转移过程中的一个复杂因素是，转移的知识与接收者现有知识的匹配度如何。接收者的相关知识过少，就难以对新知识加以有效利用。因此，双方在知识和技能上应有一定的重叠，这是转移知识的前提。如果新旧知识类似，新知识对于接收者就无多大用处。而如果新旧知识毫不相干，接收者就无法理解也难以有效利用新知识。可见，互补性是十分重要的，相似的知识结构和价值观有助于接收者理解与其现有知识差异较大的新知识。

知识转移的促成因素

有几方面因素可促进或促成知识转移。其中，有些因素在主购方选择目标公司时即已决定，有些则来自实际的知识转移过程，还有一些取决于主购方处理并购事宜的能力。我们先从最后一类因素说起，如果主购方在以往并购中积累了经验，那么它似乎能更好地应对这类因素。这说明，一家公司可将其积累的并购经验用于未来的并购项目，并且以往的教训可帮助公司更好地选择并购目标。一个理想的做法是，将并购知识汇集成文，即将之转化为显性知识，这样便可为公司各类人员所用。防护产品和服务供应商阿尔法公司即在其公司内部创建了一个特殊部门，专门处理收购事宜。这个部门根据公司的需求直接接触潜在收购目标，为公司各个业务分支提供支持。另一个建议是，可事先做好筹划，找出更多符合产品组合特征和公司竞争力的合理解决方案。

除了有关并购的知识外，被购方知识与主购方知识的关联性也十分重要。知识基础应与需求、现有经验解读以及价值观相符，同时还应具有互补性。

主购方如具备了从他方获取知识的技能，未来便可更好地将知识从并购目标那里转移过来。这种技能有时来自以往并购经验的积累，有时也来自主购方所具备的一般意义上的吸收能力。

对于知识转移的处理过程，各方之间的沟通交流会起到积极作用。此外，公司要努力留住员工，特别是管理者和骨干人员，这也是十分重要的。这也便于将知识转移与激励、沟通和信任的建立联系到一起。偏显性的知识可借助记录文件而转移，而偏隐性的知识则需通过沟通交流来转移。沟通交流对于显性知识的转移也可起到辅助作用，因为这一过程可以细化差异，并使知识受到关注。知识转移过程中，与各参与方有关的另一个重要问题就是将旧知识归零。为了吸收新知识，公司需要抛弃原有的方式和方法。这不仅关系到隐性知识，也关系到价值观和文化。习惯、认知结构和价值观需要更新换代，而这一过程可能较为漫长，需给予耐心，同时要安排好先后次序。将旧知识归零的方法，包括提出“更佳状态”的愿景和动机，以及人为中断原有结构和行事方法在组织中的延续。

在跨国并购中，知识转移依靠的是骨干人员的高度投入、员工与管理者的岗位调整、各方之间的互动与交流、对文化差异的合理应对，以及无障碍的信息交换。这些因素有助于各方建立信任，也可使各方意识到其对于沟通的理解有何差异。此外，还应认识到不同公司间、不同国家间的文化差异。无论整合是否会受到抵触，只要认识到这些差异的存在，就可以消除沟通障碍，建立信任关系。

技术和创新密集型收购中的知识转移

在收购创新型公司、创业公司、生物医药工程类公司等知识密集型公司时，知识转移是极其重要的一环。通常，收购此类公司是为了加强创新管道或利用员工的技能。在后一种情况下，人们通常认为，应使被购方在并购后保留自主权，这样既不会破坏公司价值，又可以留住员工，同时还不会影响到被购公司与其创新合作伙伴的互动关系。此外，主购方若缺乏吸收能力，难以对知识进行同化，那么也会允许被购方保留自主权。

有证据表明，整合会降低员工的生产力或创新能力，这是因为，创新型员工需要一定的创造自由，而当这种自由因整合而受限时，它反过来也会限制整合的程度。不过，这种结论并不全面，主购方如能采取更有的放矢的做法，实际上会有助于将创新推向市场，同时使被购方公司更专注于其创新领域。

某些研究表明，如果创新型公司不与主购方实现整合，它就会丧失创新能力。这便涉及诸多问题，比如：所选择的目标公司最好不要处于过早的发展阶段；要确保目标公司创始人（创新人）继续留在公司，但一段时间之后，为了公司的未来发展，可能与公司分离；还要确保网络合作方在最大程度上与公司保持合作关系。由于对合作创新的关注日益增多，所需的创新技能可能不再全部来自创新型公司，因此，在被收购后，仍有必要依赖于外部网络合作方。然而，网络合作方可能会认为自己的地位已被主购方取代，不愿继续为创新型公司提供支持，或者可能会在与主购方的直接或间接往来中发生冲突（Öberg 等，2011）。于是，他们会与公司分道扬镳。有鉴于此，应当采取措施避免这种后果发生，因为这会严重影响创新型公司及其未来创新能力，这种风险不亚于员工离职的风险。最近的一项研究（Öberg，2013）指出，在收购和整合创新型公司时，主购方可以通过模仿网络合作方而获利。出于这个原因，创新型公司通常要在并购前与发展成熟的、预计不会剥夺其自由或创造空间的公司进行前期协作。而此类成熟公司也有能力通过设立业务部门来与创新型公司进行互动，共享或充实其发展愿景，并在公司内部搭建一个桥梁，使其长期形成的业务模式与同创新型公司的互动联结起来。主购方也可创设类似的业务部门，从而将互动模式上的差异融入到被购创新型公司中去，而非使之仅停留在双方的交界面上。

一般性管理技能和能力的知识转移

除了两家公司职能和业务部门之间的知识转移外，并购还有助于提升一方公司顶层管理者的决策能力，使之更好地制定长期目标和多种战略方案，形成可适当确定战略方向的系统化战略决策程序。并购还可帮助顶层管理者更好地界定战略愿景和业务使命，更好地制定并实施战略行动计划。并购带来的其他益处还涉及组织规划和协调、控制和评估系统的开发、适当组织结构的采用，以及财务和战略规划分析工具的选用。举个例子，赫斯特公司与罗纳普朗克公司经合并创设了安万特制药公司，在此合并过程中，两家公司间实现了管理技能和能力的转移，而新设公司也受益于由此形成的规模经济和范围经济。

并购的其他益处

前文提到，在各个协同效应领域，发现并实现协同潜能是需要付出巨大努力的。尽管如此，并购本身还是能为双方带来一些相对轻松的收益。

首先，规模经济通常可提升购买力，从而降低购买成本。其次，合并后的公司可利用品牌名称、产品定位和分销渠道来提高要价，增加销售额。再次，公司规模扩大后，在招揽人才方面会更具竞争力，也更易获得融资。最后，并购会带来税务上的有利条件，可使公司更好地利用现金储备。毫无疑问，在水平整合（竞争对手间的并购）情况下，竞争强度有望减轻，合并后实体的市场份额有望增大。不过，这一领域的潜在益处常常会被夸大，这是因为来自市场上其他竞争对手的反应程度和性质会被低估，而且，竞争监管机构的监管要求（比如处置某类实体或产品线的要求）也可能会对潜在收益施加限制。

最后但同样重要的是，并购往往被视为进入前景乐观的新技术领域的平台。这方面的例子包括谷歌公司收购 Admob（2009 年）以及苹果公司收购 Quattro（2010 年）。第一次收购可能会带来后续多次收购，与之并行的往往还有内部研发，这最终会使公司在新技术领域占有一席之地。近些年来，这一情况尤为突出，因为各家公司都在试图进入迅猛发展的技术领域，而非依靠自身去开发技术和创造市场份额。

协同潜能分析

在达成交易前，应先对发现的协同潜能进行评估。这会影响到交易价格、整合方案的性质和难度，以及并购后组织变化水平。有时，出于快速行动和保密的需要，会在并购协议签订后立即就协同潜能进行详细分析。无论何种情况，都应当认清并比对合并双方的运作情况。

在前几章中，我们简要探讨了不同种类并购的差别，比如水平整合与垂直整合的差别。在本章中，有必要进一步阐述不同种类并购的某些方面，以帮助读者更好地理解协同机遇。我们的阐述还涉及不同种类并购在实现协同潜能方面的优缺点。

水平整合

有关协同潜能的分析要从水平整合说起，因为此类兼并的协同潜能是最高的。对竞争对手或互补性产品的收购即意味着水平整合，也是一种相关兼并。在相关兼并中，主购方公司与被购方公司所处的行业具有相关性。图5－1分析了同行业两家公司兼并的协同潜能，在这一兼并中，两家公司的业务单元和部门合并到了一起，实现了削减成本的目的。同时，图5－1也以示例描述了部门间能力和知识的转移过程（见箭头标示）。

对于双方相对强弱势的对比评估，价值链分析法可提供辅助（见第三章“战略动机和考虑因素”中对价值链分析法的阐释）。此方法可述及研发、制造、营销、分销、售后服务和支持等主要活动，以及财务会计、人力资源、信息系统等辅助活动。在运营合作或知识技能转移的推动下，每一类活动都可能成为实现协同效应的领域。

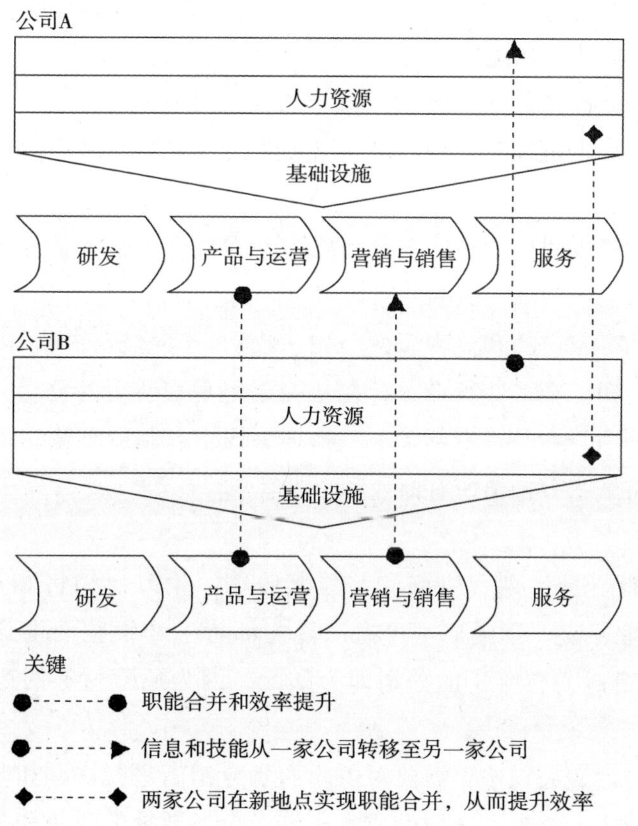

图5－1 竞争对手间的协同潜能分析（改编自 Weber，2003）

垂直整合

收购供应商和收购客户是垂直整合的两个代表性做法。本节将主要探讨垂直整合的优缺点。

很多情况下，管理者会认为，如果需协调的各个职能均处在公司的组织框架下且均受到管理层的控制，那么协调的成本就会更低，风险更少，且更为容易。这种做法不同于在市场上签订协议和进行交易、创建战略联盟或者设立合资企业。比如，公司可以利用自有的销售团队来实现销售和分销职能，而非通过外部独立的专业营销和分销组织。倘若公司此前从未有过分销和销售活动，那么它或是从这一刻起开始这样的活动（内部开发），或是直接收购一家分销和销售公司。因此，这种兼并被称为前向垂直整合，可以使公司更接近最终客户。爱科公司即以此种方式先后收购了 Sensor 和 Shekem，并扩大了 Shekem Electric 的规模。

前向垂直整合还可能是收购一家运输公司（运送公司的产品）、收购一家提供营销信息和市场分析的公司，以及收购一家为产品提供配套和维修服务的公司。

收购原材料供应商的做法被称为后向垂直整合。此类整合还可能是收购一家制造类机器供应商、收购一家机械生产商、收购一家零配件生产商和/或供应商、收购一家产品和流程研发公司、收购一家融资公司，以及收购一家原材料运输公司。在某些行业，存在从头至尾垂直整合的公司。比如，在造纸业，有些公司会参与整套活动——植树、伐木、制造纸浆、将纸浆加工为纸张，最后将纸张分销给所有商业和个人客户。

节约开支

公司如能亲自计划、协调和监督其收购、生产、销售和营销等事务，便可节约大量开支。运输成本可通过妥善部署生产设施而得到削减，一些使用硫酸（肥料和燃料）的公司即为如此，因为危险材料的运输成本是极高的。

垂直整合后，公司不再需要对供应商和分销商进行协调和监督，从而可节省相关的成本。此外，公司的成本还涉及市场数据的收集和分析、销售和需求预测、有关原材料和不同供应商的信息搜寻，等等。在垂直整合后，所有这些活动的成本都会降低。其他可节约的成本包括宣传成本、销售和营销人员成本、采购部门运营成本、谈判和价格比对成本、产品质量管理成本、包装成本、规格编制成本，等等。

供需保障

垂直整合可确保公司在需求不振时维持销量，并在原材料和必要物资数量有限时继续获得供给。比如，可口可乐公司依靠二氧化碳来保证饮料质量，尽管这一气体原料成本相对低于其他原料，但倘若其供应不足，饮料的生产和销售就会停滞。因此，在这种情况下，对生产过程进行整体协调或控制是极其重要的。

而同行业的百事可乐公司则收购了一系列快餐连锁业务，包括必胜客、肯德基炸鸡和塔可钟，从而在重要的快餐市场维持住了其大部分销售额。供应和销售有了保障，就可以减少不确定因素和风险，并且在与其他供应商或客户议价时会占据更有利的地位。再举一个例子，2002 年底，Tnuva 公司收购了 Anvei Zion 公司，以保障高品质水果的供应，从而保障其明星产品 Yoplait 酸奶的生产。Tnuva 固然可以通过常规渠道进口这些水果，但如对这一关键原料的供应进行控制，那么相关的运输、储存、水果新鲜度和品质问题就迎刃而解了。

因此，垂直整合可以更好地防范竞争对手操控供应源或分销渠道的风险。即便他们仅仅收购了高品质供应商或分销商，也会使其余竞争对手落入更加不利的地位，因为供应商或分销商数量的减少会降低其他竞争对手的议价能力。

增强竞争优势

公司如能理解与原材料生产成本有关的各类因素，以及工厂、机器、可实现的节余等其他重要因素，便可设定更具竞争力的价格，创造成本优势。另一方面，公司也可通过增强产品差异化来进入更多市场细分领域，以高于竞争对手的价格出售产品。公司可更好地管理分销流程，为客户解决物流问题，并向客户提供更优质、更独特、更有针对性的产品和服务。

此外，垂直整合还会形成进入壁垒。当一家新公司试图进入某一行业时，它会发现自己处在一种不利的位置，因为该行业中已有公司借由前向和后向垂直整合而获得了上述各项优势。倘若新公司也要进行垂直整合，那么这个行业的进入壁垒就会更高。

垂直整合的协同潜能如图 5－2 所示。

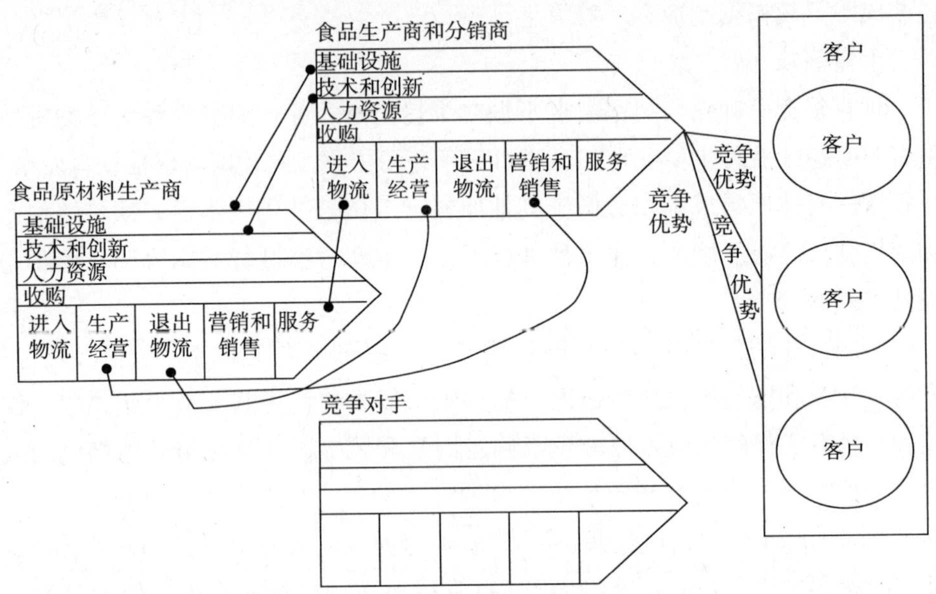

图 5－2　供应商与生产商垂直整合的协同潜能（Weber，Y.，2003）

垂直整合的缺点

成本增加

除了因协调主购方和被购方而增加的管理成本外，还可能有其他新增成本。比如，当需要从公司内部供应商处采购货源时，成本就增加了，因为公司既不会去寻找出价更低的供应商，也不会讨价还价或争取优惠条件。另一方面，公司内部的供应商是在公司框架内向固定客户提供货源的，长此以往，就不会像外部供应商那样主动改进产品或货源质量，因而效率低下，也推高了成本和价格。比如，在 20 世纪 90 年代初期，通用汽车公司所用的零部件中有 68% 都是从内部采购的，这一比例高于业内其他任何一家公司（克莱斯勒是 30%，丰田则为 28%）。结果，通用汽车成了业内生产成本最高的制造商。1992 年，通用汽车向其内部供应商所雇员工支付的时薪达到了 34.6 美元，是其竞争对手的两倍。

供应商或客户可更换空间减少

如果技术或零部件发生变化，产品质量出现下滑，或者供应商管理能力恶化，公司往往会更换供应商。然而，若供应商处在公司内部，公司通常不会急于将其换掉，而这最终会损害主购方公司的竞争力。这一问题在技术高速更替的情况下尤为显著，公司可能会发现自己正被技术落后、产品过时的供应商所牵绊，但却难以将之摒弃。

此外，如果公司链条上某一环节受到了供需波动的冲击，那么其他环节的生产和供应平衡也会被扰乱。这样一来，公司就难以维持产出平衡。

错误观念

关于垂直整合，有很多错误的观念和假设。有人认为，良好声誉是可以在公司链条各个环节间传导的，但这一情况并不总会出现。还有人认为，在公司内部开展一切活动总归是更加经济的做法，但事实却往往与之相悖。外包经验表明，很多情况下，最好还是通过外部的专业公司来实施某些活动。有些管理团队相信，其在公司链条某一环节获得的经验和知识有助于其在另一环节管理供应商业务或管理客户。但在百事可乐收购案中，对于被收购的快餐连锁业务，该公司管理层并未产生实质性的影响。

现在，暂可得出这样一个结论：尽管我们时常看到前文所述分析，但到目前为止的科学研究结果依旧表明，那些进行并购的企业并未充分整合各自的业务，因而未能实现并购前所设想的协同效应。表 5 – 1 从成本效益和增长潜能两方面归纳了所有协同领域的协同潜能。

表 5 – 1　　协同潜能示例（改编自 Weber，2003）

	提高效益，降低成本	增加销量，扩大市场份额
共享运营资源	■ 节约物流成本，共享冷却仓库和储存容器 ■ 节约检查和协调成本 ■ 节约数据收集成本 ■ 得益于稳定的关系，可形成独有的高效程序	通过质量改善来提升信誉，增加销量 ■ 增加现有细分市场或现有产品的销量 ■ 扩大市场份额 ■ 其他产品和稀有商品 ■ 进入新的细分市场 分销和营销 ■ 进入新领域，如冷冻食品、儿童食品、甜点、烘焙食品，等等

续表

	提高效益，降低成本	增加销量，扩大市场份额
转移各职能领域的专业技能	研究和开发 ■ 获得技术 ■ 加快开发速度 ■ 更快投入市场 ■ 提高研发管理效率 ■ 生产运营过程实现计算机化管理	研究和开发 ■ 获得加工食品领域研发技能 ■ 获得无添加食品领域相关知识 营销 ■ 分析并顺应客户品味（评味试验）
转移经济管理技能和竞争优势	■ 提高行业进入壁垒 ■ 防范供应和销售受阻的风险 ■ 减轻供应风险和不确定性	■ 减轻供应风险和不确定性 ■ 增强产品差异化能力 ■ 提高行业进入壁垒 ■ 节约成本，提高效率，增强竞争力

并购虽会带来诸多收益，但也可能引发一系列不良后果，下一章将予以详述。

参考资料

［1］Öberg，C. （2011）. Acquiring once，acquiring twice – Lessons learned from repeated acquisitions of innovative firms. *International Journal of Innovation Management*，15（6），1243 –1269.

［2］Öberg，C.，Grundström，C.，& Jönsson，P. （2011）. Acquisitions and network identity change. *European Journal of Marketing*，45（9/10），1470 –1500.

［3］Öberg，C. （2013）. Network imitation to deal with socio – cultural dilemmas in acquisitions of young，innovative firms. *Thunderbird International Business Review*，55（4），387 –403.

［4］Weber，Y. （2003）. *Mergers and acquisitions management*. Peles：Rishon LeTzion（IN Hebrew）..

第六章　文化和文化差异分析

“对于并购的实施，有好方法，也有坏方法。两种方法需要投入同样多的努力和时间，唯一的不同在于，好方法会成功，坏方法会失败。”

——某消费品公司首席执行官

概述

如今我们已注意到居高不下的并购失败率，在这个时候，组织文化对并购成败的关键性作用已不在意料之外。真正令人诧异的是，组织文化差异尚未成为公司董事和高层管理者决策过程中的一个重要考虑因素，无论是选择合适的并购目标、确定并购交易价值、制订整合计划，还是试图留住可能会在并购后流失的被购方人力资本，管理者都并未充分考虑组织文化差异。正因为如此，波士顿咨询公司2010年的一份报告指出，主购方应对两家公司进行一次文化“诊断”，以便系统地分析和理解双方文化差异的真正性质，同时还应系统地定位这些差异并区分主次。那么，要如何进行这样的分析？有哪些方法和衡量工具？应当何时、怎样利用系统性分析的结果？本章将一一解答这些问题。

第五章“协同潜能及其实现”从管理层面探讨了进行并购的主要目的，即，为了实现协同潜能。本章将探讨在协同潜能实现过程中可能遇到的挑战和困难。因此，本章将重点论述以被购目标筛选、分类和匹配度考查为目的的文化差异分析。实际上，在并购的任何阶段，文化差异分析都是不容忽视的。

管理文化差异评估和衡量的重要性及益处

很多管理者都知道，完成一项并购交易远比在签订协议后几年内实施并购要容易得多。无数项研究和对高级管理者的调查结果都表明，导致组织整合失败的主要因素是管理文化上的差异以及其对人力因素的影响，比如，管理者和骨干人员会相继离开被购方公司。

例如，赛天使公司的25位高级管理者中，有20位都在该公司被克里奥公司收购后一年内离职，公司虽费尽了口舌，却无法挽留。在此案中，还存在国家文化差异，这一差异显然增大了实施的困难。

正如梯瓦制药公司（全球最大的基因制药公司）前人力资源副总裁海姆·本雅明尼所说：

在每一项并购中，都应该像尽职调查那样处理文化层面的问题。你需要进行实地考察，融入人群，了解每一个相关的细节，比如：这个公司的管理文化是怎样的？它是集中的还是分散的？（Maltz，2003）

本雅明尼还指出，美国各州公司之间也存在组织文化差异。从宾夕法尼亚州到加利福尼亚州，只有五小时的航程，但两州之间仍有文化差异。“虽然都是美国的一部分，但如我们所知，这并不意味着它们文化相同。”（Maltz，2003）

对于两家公司的兼并后整合，跨文化管理是成败的关键。因此我们很难理解，为何组织文化差异尚未成为公司董事和高级管理者决策过程中的考虑因素。无论是筛选和确定适当并购目标、决定并购交易价值和价格、制订整合计划，还是试图留住可能会在协议签订后随即流失的被购方人力资本，管理者都并未充分考虑组织文化差异。

公司文化差异未能在兼并前得到正确评估，未能在谈判阶段得到充分考虑，也未能在整合阶段得到适当利用，其背后有一个主要原因，即，涉及的顾问人员过于庞杂。并购分析工作极其繁复，涉及层面众多，因此需要来自诸多领域的大量专家参与其中，这些领域包括会计、财务、审计、法务、投资银行、心理学等。比如，在规划阶段，当协议尚未签署时，交易进程通常由交易顾问推动，而人力资源专家和兼并后整合顾问却无从涉入。

在理想情况下，顾问的介入应当是覆盖并购过程各个阶段的。在很多失败的兼并案例中，兼并前和谈判阶段的决策过程都始终未能评估因文化冲击而产生的整合实施挑战和相关人力资源问题。而在成功的并购案例中，这一评估会在兼并前完成，并在协议签订后很快得到实施。

很多兼并失败的另一个原因是，管理层未能对文化差异进行方法合理、覆盖全面的衡量。一个广为人知的例子是 20 世纪 90 年代初美国电话电报公司对美国现金出纳机公司的收购。美国现金出纳机公司的管理模式是集权式的，这与美国电话电报公司的开放和创新精神相悖。最终，美国电话电报公司将美国现金出纳机公司以市价的一半出售，损失了 30 亿美元。当然，也有相反的例子，比如，在美国西南航空公司收购莫里斯航空公司这个案例中，主购方在签订协议前用两个月时间去了解被购方公司文化，这使得它的整合过程仅历时不到 11 个月，而非最初预计的三年。

何为组织文化

"文化"一词有着丰富的内涵和多重界定，对此，研究者们尚未明确达成一致。然而，对"管理文化"的一种界定却指向预言诸多现象的能力，包括预言并购成败的能力。根据这一定义，管理文化即公司管理者在组织管理最佳做法方面所共有的一个不断发展的理念（以及价值观和设想）体系，可引导公司根据环境条件做出调整。

本章所阐述的定义重点在于对组织管理的衡量和分析过程。在并购中，如能关注管理层的做法和管理风格，会大有裨益。此外，对文化层面进行衡量和评估的成本也可能相对较低。这一定义强调的是理念、价值观和基本设想，而其他定义则纳入了仪式、着装以及其他外在方面。然而，这个定义包括了对于并购而言极其关键的要素，其余定义则为相关结论提供了进一步的支持。

理念和基本设想体系——抑或通向成功的工作方法和路径体系——来自公司管理层和员工在参与竞争、应对各类环境因素时积累的经验。为解决管理上的挑战，需要对收集到的信息进行解读，并在此基础上采取行动。所以，文化是一种可被整体购入的知识体系和参考框架，有助于理解和阐释公司内部、行业内部以及世界范围内的动向。因此，在制订方案以及针对各类管理挑战做出决策时，需要考虑管理文化这一极其关键的要素。对信息的解读还取决于其他因素，比如人员的性质和背景、采取的行动，以及对这些行动成功的理解。出于这个原因，每一个群体或者说每一位管理者都会形成特有的管理文化，即使不同的公司和管理者处于同一行业、同一地域中。

管理层的所有理念、设想和基本假定会凝聚成一个完整的体系，这一体系包含独特的内容，不仅影响着决策过程，也影响着战略、政策、原则及一切组织行为。比如，一项有关高级管理层决策方式的调查结果表明，某一管理团队在就财务目标进行决策的同时，也大幅增加了其债务。这一行动过程来自管理层就战略运营过程中需应对的风险所持有的理念和设想。这种设想会影响到不同项目下的研发投资水平、检查过程、管理者自主权限、组织结构以及同一组织中各个部门所采取的诸多行动。

理念体系构成了组织文化，它如同过滤器一样，帮助组织成员认清组织所面临的现实。因此，它承担着双重角色。首先，理念体系可使复杂的世界和巨大的不确定性以令人更为熟悉、易懂的形式得到展现。其次，当某些变故似要推翻以往经验知识时，理念体系会维持知识的稳定，使之得以延续。因此，文化是一种控制力，可使组织免于偏离其获得的知识和经验体系。然而，正如前文所述，同时也正如本章后文将提到的那样，这些角色使得文化对于其拥有者而言具有重要的意义，难以实现必要的改变，同时也成为并购双方文化冲突的最根本来源。

组织文化面面观

顶层管理者会有很多理念和基本设想。不过，相关文献和调查研究表明，总是可以将一些重要设想和理念提炼出来，以归纳出组织文化的特征。理念无所谓对错，也无所谓好坏。事实证明，即便是在同一行业中，众多成功企业也都各自拥有属于自己的独特文化。

最为重要的是，这些理念和设想能够预测出影响并购成败的重要现象。在衡量管理文化差异的过程中，我们认识到，可将各种不同的理念和设想归入七个领域，由此构成组织文化或管理文化的七个主要维度。

1. 如何看待创新与活力

具有强烈创新意识和活力的管理者会鼓励员工对外部环境中的变化和竞争做出快速反应。不仅如此，他们还鼓励在现有环境条件下进行创新，从而在竞争中获胜。他们会努力寻觅新产品和新市场的机遇。而在管理文化与此相反的公司，管理者更看重稳步发展、深入规划以及相对较高的程序化水平。他们不愿去追逐拼抢每一个机遇，因为不确定因素会带来风险；他们对圣杰罗姆的那句格言“冲动是魔鬼”坚信不疑。此外，造成管理方式差异的另一个原因是，在面对环境变化时，对于所需行动和反应的紧迫性，不同管理者会有不同的认识。

2. 如何看待冒险

有关冒险的管理思想和理念是不同组织间相互区别的主要因素。冒险倾向会影响到很多决策，比如，对新计划的投资、对生产设备和技术的收购和投资、研发投资水平、现金流和信用管理，甚至是员工养老金的运作方式。

在如何看待冒险与上面提到的如何看待创新与活力这两个维度之间，存在着较高的相关性。比如，若想通过创新获得竞争优势，就需要加大研发投资，而这一步是风险重重的，因为此举未必会成功，并且在开发能力、所需时间和市场适应力方面存在不确定因素。从根本上来说，管理者所意识到的紧迫度越高，说明其对于因行动和反应不足所造成的威胁和风险的认知度就越高。在机遇的把握方面也是如此。换言之，对风险的认知会带来对紧迫度的感知，进而会影响对行动与活力的需求态度。

3. 横向依赖：水平关系

对于组织内各业务单元之间的关系，不同管理层有不同的管理理念。有的认为这些业务单元的合作和相互依赖十分重要，可推动实现组织的目标；有的则认为应鼓励各业务单元之间的竞争，这样才能增加它们的动力和干劲。有些组织会采用复杂的协调机制，而其他一些组织的协调方式则较为简单，比如制订计划和标准。管理层对合作和沟通的重视体现在，鼓励知识分享，鼓励平级的员工了解彼此的困难和问题，鼓励各个业务单元相互帮助而非相互竞争。不过，显然还有一些管理层会鼓励竞争关系，因为他们相信“嫉妒会激发智慧”。

4. 顶层管理接触：垂直等级关系

这一维度描述的是管理者对待下属的态度，比如，支持、关怀、理解和鼓励。这反映出了组织管理中的人性问题，因而在不同管理者身上会有不同的表现。过去曾流行一时的 X 和 Y 理论即可说明这个问题。在 X 理论的假设下，管理者会放任自由，懒惰懈怠，推卸责任；在 Y 理论下，管理者对待下属的态度则与之相反。这两种态度所带来的组织文化是截然不同的。

因此，在鼓励下属尝试新想法、发挥创造力和冒险精神这一方面，管理者们的理念有所不同。同样，也有各种不同的管理模式允许员工公然批评管理层或提出有待商讨的争议问题。

5. 自主权和决策

关于重大决策过程中自主权和责任下放的程度，管理者的理念也有所不同，这是组织管理的一个基本特征。这些理念最终会影响组织结构的形式，还会影响不同角色的界定、流程的设定，以及相关的程序性水平。

6. 如何看待绩效

对于不同管理层都尤为重要的是，要对管理者和员工提出要求，并注重绩效评估。在此方面，管理者理念上的一个差别在于，是否要求实现持续改善，是否要求达到某些目标，甚至是极具挑战性的目标。比如，以色列一家知名高科技公司的座右铭是“能做，就要做”。也就是说，凡是可以做到的事情都要做到，无论难度如何。其他一些理念强调了管理者的某种要求，即，要为自身绩效负责，且绩效预期应当清晰，便于衡量。还有一些理念区分了绩效的类别：或是要求效率和任务执行方式；或是要求有效性和目标的实现，甚至不惜牺牲效率。

7. 如何看待奖励

奖励做法也可以体现出管理文化特征。对于“谁应得到奖励，为何奖励”这一问题的回答，可清楚地表明管理层所持的理念和价值观。奖励做法背后的理念是，要相比业内其他公司提供更为公平、更有吸引力的奖励。此外，这一维度还包含一个问题，即是否要将奖励与绩效联系起来，并且要在多大程度上通过薪酬、福利和其他奖励来体现这种联系。

如上所述，组织文化的这些维度会在很大程度上预示出管理者离职等行为现象以及兼并的胜算。然而，在理解管理文化或组织文化时，还有其他一些重要方面需要考虑。之所以需要理解组织文化，是为了在签订协议前分析清楚形势，制定出应对变化的方案，从而在签订协议后的组织整合过程中解决文化差异问题。这些需额外考虑的问题涉及工作关系体系，以及员工委员会在组织中的重要性。此外，无论是家族企业还是上市公司，组织的所有权关系都会对其性质和管理方式产生巨大的影响。如表6－1所示，当M公司首席执行官在考虑与H公司兼并时，除了组织文化的上述七个常规维度外，其他一些活动领域的文化差异也会得到考虑。

表6－1　企业文化差异（除文化的七个维度外）

活动领域	公司M		公司H
结构和决策	权力分散，合作	对比	权力集中，自上而下管理
劳资关系	关怀，民主	对比	冲突，单方决断
沟通	高度细化	对比	简短，交流信息最小化
个人与集体	群体/团队合作，以组织为重	对比	个人化倾向
时间导向	灵活，无压力	对比	固定，快节奏
所有权	上市公司	对比	私人公司
管理手段	工程，程序，和谐	对比	财务，成本
工会	有	对比	无

需要强调的是，管理层的偏好和理念无所谓好坏。但是，可能会有某一种管理文化无法适应某行业中的活动，从而导致组织绩效不佳。换言之，管理文化或组织文化与组织的绩效相关，但却不存在那种确保高绩效的“独一”文化。不过，有多种管理文化是可以为组织带来良好绩效的。

在考察不同国家公司之间的兼并时，组织文化的七个维度也具有重要意义。对于跨国兼并，除了上述七个维度外，还需要研究跨国文化差异。

例如，在1995年德国FAST公司与以色列阿拉丁公司的一项兼并交易中，就存在诸多文化差异。据阿拉丁公司前首席执行官扬基·马加里特所述：

在最初几次会谈中，双方都无法扫除心底的成见。在以色列人眼中，德国人总是那么一板一眼，有条不紊，而以色列人却偏爱即兴发挥（Gomes等，2011）。

在FAST公司与阿拉丁公司兼并案中，除国家间的文化差异外，还存在来自企业文化差异的巨大摩擦。这在市场营销领域尤为显著，关于参与度和攻势，双方存在巨大的观念差异。在德语文化主导的市场，FAST公司一向以成功营销和专业水准而著称。然而，阿拉丁公司主管营销的副首席执行官却试图教导FAST公司的营销经理不断加强市场攻势（Gomes等，2011）。

某些研究者已对国别差异进行了衡量和总结，比如吉尔特·霍夫斯塔德提出的五个文化尺度（Hofstede，1980）。然而，正如前文就本地管理者所论述的那样，也有必要考察可能会阻碍组织整合过程的其他方面和活动领域

(见表6－1)。

需要注意的另一个问题是某些理念的优先次序。即使两家公司有着相似的理念，并因此表现出相似的管理文化，也有必要考虑双方对理念的重视程度是否相同。从根本上来说，重视程度不同，即说明有关优先次序的理念不同，因而管理文化也就不同，有时甚至是根本性的不同。比如，在很多公司，管理层会比较重视组织纪律。但也有极少数公司至今一直将组织纪律置于首位，英特尔公司即为其中之一。

文化差异的衡量和评估

本节将对并购中文化差异衡量和评估的原则做以简要论述。需牢记的是，规划过程应该包括文化差异评估，这一评估应在谈判之前或谈判过程中进行。也就是说，在通过尽职调查进行精确衡量之前，有必要对文化差异进行考虑，即使无法衡量，也至少要进行评估。下文将探讨的就是这种评估。

文化和文化差异评估是一项复杂的工作。评估方法可基于与被购目标公司的直接或间接接触。如果与目标公司有大量接触，就可以利用来自该公司的一级信息来源。倘若与目标公司没有接触或接触极少，那么就只能依赖于来自该公司之外的二级信息来源了。

在规划过程中，主要依赖的就是二级信息来源。有些公司可在其商业情报工作框架下定期收集有关竞争对手、供应商和主要客户的信息。

任何情况下，都可从如下来源获得专门信息：

■ 目标公司发布的信息——此类信息可反映出该公司的特性，比如其信条和使命宣言。另外，此类信息还可能包括该公司网站和新闻稿中介绍的内容。

■ 媒体文章和访谈内容——这包括对目标公司高管进行的采访，从中可了解该公司的管理做法。此外，还可借助于各类商业报刊中有关该公司的评论文章。有些报刊会系统地收集多家公司的相关文章。

■ 目标公司管理层成员在不同场合的演讲和讲话内容。

■ 很多公司的调研部门会就多家公司及其所从事行业收集相关材料。

■ 向公司内部曾与目标公司共事或有过商业来往的管理者和员工进行询问。

■ 与曾接触过目标公司管理者的各方信息持有者进行沟通，比如会计、律师、管理顾问、投资银行家等。

■ 在研讨会、展览、高校举办的公共课程等活动和场合中与目标公司的管理者和员工进行沟通。

对于一家上市公司，可以查阅其财务报告，通常包括首席执行官向股东做出的声明。这些声明可以进一步反映出组织文化特征。当公司募集资金时，其相关材料中往往会出现有价值的内容。

对文化和文化差异进行评估的范围就是上文所述各维度和其他活动领域。因此，可以采取一定的评估方法，按各个维度对目标公司进行排名。可对收集到的信息进行交叉核证，并对照其他方面进行检验，从而得到可靠、有效的信息。除此之外，还可采用两到三个标尺来进行排名，并核查不同标尺下各个维度的排名可靠性。显然，这一排名工作需要大量相关技巧，或至少要在一开始获得支持和协助。

在合同谈判框架下，也需做好信息收集工作。如第八章“目标选择和谈判过程”中所述，谈判需要由一个团队来推进。团队成员应在谈判开始前参加简单的培训。每名成员都可依照上述维度和活动领域收集信息，甚至将目标公司文化或文化差异评估进行排名。在谈判过程中，可通过下述方式就管理文化问题收集信息：

■ 在谈判准备阶段，预先设定好有关管理做法的问题，侧重上述几个文化维度。

■ 就对方公司管理文化特点直接提问。

■ 在谈判过程中留意对方团队的行为、程序和语言。

■ 同时可考虑在谈判中出现的与公司行为方式有关的其他问题。比如，可考虑公司利用贷款和外部资金的方式、对研发投资的重视程度、对员工行为和绩效进行奖励的方式、组织结构、职权下放情况、决策过程的正规程度，等等。

■ 向目标公司索要可反映其管理风格、思维方式和其他特征的各类文件。

总而言之，谈判团队成员必须要对收集到的信息进行整理、排序、互查，并对照其他来源的信息进行交叉核验，以确保信息的可靠性。

在并购各阶段开展文化差异分析

文化差异分析应贯穿于并购的各个阶段，包括规划、谈判和组织整合

（见表6－2）。例如，在规划阶段，各个维度的文化差异程度可预示出兼并后整合阶段将会出现的问题、挑战和相关成本。

表6－2　　并购各阶段的企业文化差异衡量做法

第一阶段：规划

1. 分析文化差异

■ 识别、评估和衡量企业文化各维度

■ 比较备选并购目标：对若干备选目标的企业文化进行特征分析

■ 筛选并购目标

■ 评估主购方与目标公司之间的企业文化差异

□ 文化差异强度

□ 存在文化差异的领域（风险、决策过程、奖励机制，等等）

□ 不同职能下的文化差异（后勤、生产、营销、研发，等等）

2. 分析兼并后整合阶段以及协同效应实现方面的挑战

■ 评估实施挑战，比如人力资源问题，以及骨干人员和顶层高管流失问题

■ 根据文化差异，提出有关兼并后整合方式的建议（保留法、吸收法、共生法）

■ 在考虑文化冲击的基础上，研究人员配备和招聘问题

■ 考虑签订协议后组织整合过程的关键时点和所需时间

■ 根据文化方面的挑战，探讨兼并后协同潜能实现的程度（营销、研发、协作等领域）

3. 财务评估

■ 兼并后整合过程中因文化差异而产生的必要成本和费用

■ 兼并后整合过程中受到文化差异影响的生产力和收入水平

■ 文化冲击对现金流和收购价值的影响

■ 各类融资方式下（贷款和股票支付）每股收益所受的预期影响

第二阶段：谈判

1. 谈判准备

■ 评估管理文化差异可能带来的沟通障碍

■ 制订谈判计划，对管理者进行培训（战略、计策、“红线”等）

■ 在谈判过程框架下识别、定位、确认、分析文化差异

■ 利用文化差异就并购价值和支付额进行磋商，设定价格上限（“免谈”价格）

■ 在协议中纳入骨干人员流失率等条件，并利用这些条件和其他文化维度问题来设定付款的方式、水平和数量（现金和股份）

■ 在考虑到整合过程中消除文化影响的基础上，确定支付额

续表

2. 谈判阶段
■ 利用文化差异创造适宜的谈判氛围
■ 介绍并探讨在实现谈判目标的过程中可能遇到的文化差异和实施困难
■ 为面谈做准备，在尽职调查中评估文化差异，但要遵循知识、效率和保密性限制
3. 签署合同
■ 综合考虑文化差异和实施困难，确定并购价值
■ 确保在分析文化差异的基础上对计划和合作方案进行考察
■ 依照兼并后整合过程的进度和关键时点来设定支付的水平和数额
■ 确定价格，以防股份价值在协议签订后发生变化
第三阶段：兼并后整合过程
1. 选择适当的兼并后整合方法
2. 选择有待整合的业务分支、部门和单元，重点考虑：
■ 差异的强度
■ 差异的类别
■ 存在差异的职能领域（营销、研发等）
3. 界定理想的文化整合效果
4. 设定文化整合成功标准
5. 为文化整合进度的评估设立控制和评估体系

在谈判过程中，高管们需做好文化差异评估工作，以期预见企业文化差异可能会导致的沟通阻碍。对兼并后整合复杂性的预期以及对实施挑战的清醒认识可能会影响到并购价格的上限和支付方式。在整合阶段，通过评估文化差异的类别和强度，可确定需在早期或晚期进行整合的业务单元。最后，如果能够对管理文化价值观和文化差异进行衡量，便可更好地控制、监督和做出反馈，而这些正是实现并购交易目标的必要因素。

结论

本章建议在并购各阶段进行文化差异评估和衡量，并对其结果加以利用。我们想要强调的是，文化差异评估和衡量对于并购合作伙伴的选择至关重要，无论是在并购前的规划阶段，还是在谈判阶段，都应当考察和衡量文化差异。

参考资料

[1] Gomes, E., Weber, Y., Brown, C., and Tarba, S. Y. (2011). *Mergers acquisitions and strategic alliances: Understanding the process.* USA & UK: Palgrave Macmillan.

[2] Hofstede, G. (1980). *Culture's consequences.* New - York: Sage.

[3] Maltz, J. (2003). Bridging the cultural divide. *Globes*, (November 19).

第七章　搜寻、筛选和确定并购目标

在依据前几章所述知识和指导原则做好准备之后，计划实施并购的公司就要开始搜寻并购目标了。在这一过程中，既要制定方法得当的战略计划，又要凭靠一些运气，也就是说，要在对的时间找到对的地方。这二者并不矛盾。从根本上来说，在对的时间找到对的地方这一能力，很多时候都是精心计划和细致工作的结果。

必须要区分清楚两个过程，一是最初搜寻和筛选并购备选目标的过程，二是持续到交易结束时的目标评估过程。搜寻和筛选过程包括：根据公司战略和目标制定标准、筛选并购目标、增加对外部因素的了解，以及与并购备选目标建立联系。本章将一一探讨这些内容。评估所涉问题包括谈判、估值和尽职调查，这些内容将在下一章得到阐述。

搜寻和发现过程

搜寻过程包括三个主要步骤。第一步是确定搜寻和筛选程序的标准。第二步是确定搜寻战略。第三步是在初步筛选和分类之后，与并购备选目标建立接触，并分析这一过程持续的可能性。在这些步骤开始之前，需设立一个并购团队或业务开发部门，以便积极主动地推进并购，并在这一复杂的管理领域积累经验和知识。

设立业务开发部门

发现和筛选并购目标公司的过程是出于若干商业目的，但在很多情况下，这也是一个专门的过程，或者是为了验证一个已做出的决定。此种情况下，确定的一系列标准更适用于已被发现的公司，而对于其他公司则并不太适合。很多时候，公司管理者会在“紧要”关头采取这种做法，而不会去查清备选目标是否与公司的战略和运营需求相符。这种做法自然是与组织战略的实施不相称的。因此，公司的利益相关方、董事和管理者往往不会支持此种项目，因为他们认为这不符合公司的需求，惠普与康柏的兼并即为如此。相反，如果能在并购前进行基本的搜寻和筛选工作，那么，即便是反对者也会看到并购建议的价值，并最终给予支持。

发现和筛选并购目标的工作要由某一业务开发部门或并购团队来负责。在规模较大的公司，一般设有此种专职部门。也就是说，发现和筛选并购目标是一种交易“搜寻”行为，这些交易应有助于公司填补战略和运营缺口，推进战略实施。很多情况下，业务开发部门需要帮助公司通过并购获得竞争优势，或是抢在竞争对手之前，或是与之就某一具体目标进行比拼。

在签订协议前的阶段，参与的团队应由能力和经验互补的成员组成（Gomes，E.，Angwin，D.，Weber，Y. 和 Tarba，S. Y.，2013），并要选择适宜的合作方，不仅要考虑财务、管理和税务问题，还要兼顾战略问题，比如加强竞争力、扩充资源等等（Schweiger，D.，Csiszar，E. 和 Napier，N.，1993）。杰米森和希金（1986）曾与多位公司高管、投资银行家和顾问进行过不少于 25 次的访谈，根据由此得到的数据，他们得出这样一个结论：鉴于并购过程的复杂性，聘请外部顾问固然有种种好处，但同样关键的是要让公司顶层管理者也充分参与并协调这一过程。他们提出了两个主要原因：其一，管理者需要将外部顾问提出的涉及各个领域的零散观点进行合并整理；其二，管理者需要将外部顾问做出的战略匹配度分析（通常为定量分析）与有关公司组织匹配度的更为微妙的定性分析结合到一起。

创建专职部门和团队的做法可帮助公司积累经验，以用于未来的并购实践。为了更好地整合多方观点，并得出兼顾财务和运营方面的更为均衡的分析结果，还可以让运营经理在签订协议前阶段早期介入并购过程（Leighton，C. 和 Tod，R.，1969；Jemison，D. 和 Sitkin，S.，1986；Jeris，L.，Johnson，J. 和 Anthony，C.，2002）。运营经理的经验将有助于并购团队更多地关注潜在的运营问题，而这正是外部分析师因缺少运营考虑而可能低估了的问题。杰米森和希金（1986）举了一个例子：太平洋通讯集团副董事长萨姆·吉恩总是会让将负责新设子公司的运营经理早期介入并购过程，目的就是为了在并购分析中融入更多的实践经验和事实依据。

对于并购目标搜寻和筛选过程的顺利开展，业务开发部门或并购团队的工作是至关重要的。这一过程将延续至找到适宜的并购目标之时，此时便已向并购的成功迈出了重要的一步。此类部门或团队扮演着若干重要的角色：增强并购的前摄性，集中搜寻和筛选目标，并促进学习和知识积累。我们将在下文对此一一详述。

增强并购的前摄性

部门经理和运营经理总是习惯于从各自独立的活动中发展业务，很少依赖并购所带来的成果。此外，他们还忙于应付竞争，解决业内问题，因而难以参与复杂的并购过程。如能设立一个专门负责并购事宜的业务开发部门，管理者们在考虑并购活动时便不必有太多顾虑，因为他们知道这一过程会得到专业的支持。一般情况下，每家公司都应提倡前摄性的思考。对于并购来说，前摄性思考可使管理者去主动搜寻并购机遇，而非被动等待机会降临。有了专职并购的业务开发部门，公司管理者便可放心地考虑涉及多个领域的复杂并购了，因为会有人来解决这些复杂问题。举个例子，如果公司仅对并购目标的部分业务感兴趣，那么业务开发部门便可同时处理业务剥离事宜，将与公司并购无关的部门剥离出去。最后，从那些设立了业务开发部门的公司的经验中可以看出，此种情况下，公司有能力考虑多项并购要约，而搜寻和筛选过程则会带来更好的并购要约。

集中搜寻和筛选目标

并购领域中的各方经纪人（如投资银行家）会向每一个表示出兴趣的公司提供多项并购要约。然而，这些经纪人难以猜测或了解公司的战略需求以及并购要约与公司的适合度。业务开发部门对此方面则颇为了解，并可作为所有要约和与外部所有联系的汇聚点。这一部门可以就并购相关问题为外部和内部各方人员提供指导。

促进学习和知识积累

并购是最复杂的管理活动之一，因此需要在组织经验的基础上推进学习过程。从并购中积累的经验可用于同一家公司未来的并购活动，也可在各项并购项目中转移推广。从根本上来说，应就每一项并购进行并购后分析，无论成功与否，甚至是谈判失败，交易无果。在分析总结时，需要探究失败的原因：是某些管理者的失误，还是组织体系和过程的问题，还是行业的变化，抑或是各种因素兼有？

在设立业务开发部门时，有必要考虑团队的规模、能力以及工作范围，同时也要考虑这个部门在公司中所处的位置如何、权限如何、报告关系如何。通常情况下，这一部门由少数高技能人才组成，伊莱克斯公司即为如此。在几百例并购之后，该公司成为了世界最大的耐用消费品销售公司。其业务开发部门中，每人每年平均处理 25 项成功并购、8 项业务剥离、10 项未完成并购以及约 120 项潜在并购评估。

除业务部门经理外，并购团队成员还包括律师、会计、财务人员以及精通并购的外部专家顾问。这些专业人员或是来自公司内部，或是来自外部，每一位都可能是为了具体并购项目而被临时聘用的。最后要提到的一个重要事项是，此类部门应向公司最高管理层以及受首席执行官直接管理的人员报告工作。在需要快速行动的情况下，比如在受到并购招标期限的限制时，这种直接管理关系是非常重要的。因此，在某些时候，有必要在首席执行官的协调下与两到三名董事建立直接的联系，以获得他们对于并购的初步承诺。

搜寻和筛选标准的确定

公司的战略是业务开发部门一切活动的出发点。它明确界定了公司的愿景、使命和目标。业务开发部门成员必须熟稔公司的战略，很多时候，他们也是公司愿景、使命和目标制定过程的参与者。从根本上说，战略规划过程针对的是公司将通过内部发展而获得的竞争力和能力，这与公司将通过并购而获得的竞争力相反。增长率和盈利能力也是在公司战略中得到界定的，它们既与有机增长相关，也与并购相关。例如，梯瓦制药公司的目标是每隔四至五年使销售额翻一番，这个目标部分通过有机增长实现，部分通过并购实现。业务开发部门首先要分析公司的战略和运营缺口，从而制定出搜寻和筛选并购目标的初始标准。这一分析结果详见表 7 - 1 和表 7 - 2。

表 7-1　战略缺口分析

战略因素	当前情况	理想情况	战略缺口	重要性等级	通过并购缩小或消除缺口的积极意义
业务领域					
增长率和盈利能力					
技术能力					
市场部门和市场份额					
新地域市场的开发					
产品差异化水平					
竞争优势					
分销渠道					
成本结构					
管理文化					
管理能力					
其他					

表 7-2　运营缺口分析

主要运营因素	当前情况	理想情况	运营缺口	重要性等级	通过并购缩小或消除缺口的积极意义
制造部门 设备 程序					
市场营销部门 销售人员技能 调研和市场洞察力 进入市场细分部门的能力 分销能力					
研发部门 开发能力 投向市场的速度					
人力资源部门 管理能力 奖励和激励机制 组织文化					
财务部门 盈利能力水平 税务因素 现金流水平					
其他					

表 7－1 第一列指的是管理层所看重的战略因素。对于每一种因素，都可能存在战略缺口，管理层希望通过并购将其缩小或消除。比如，扩展竞争力与技能领域的需求、对技术层面专有知识的获取、新市场部门的增添、对分销渠道的控制、更多竞争优势的获得以及其他战略主题都可能出现在此表中。第二列描述了当前情况（现有形势），第三列则描述了理想情况。二者之间的差距体现在第四列中，即现有战略缺口。第五列从战略角度注明了重要性和优先性等级，也就是说明缺口的重要性如何，缩小缺口的紧迫性如何。最后一列描述了消除整个战略缺口的积极意义。例如，若能扩大业务领域，并在现有领域和新领域间实现协同效应，便可减轻风险、推升增长率、提高盈利能力。若能增加市场份额，便可增强与供应商的议价能力，以更低价买入更多，而借助这一规模优势，便可缩减成本，从而提高盈利能力。

表 7－1 所得结论指明了公司最感兴趣的行业、业务和组织，这构成了搜寻和筛选过程的重要一步。比方说，公司如重视提高市场份额和进入新市场部门，便会关注其业务所属行业，并收购竞争对手和那些提供互补性产品或服务的公司。如果公司在新地域市场开发方面看到了机遇，那么其首要的标准就要用于在这些新地域搜寻并购目标。芬兰软件开发商 BasWare 收购瑞典公司 Momentum Doc 便是一个例子。如果公司重在扩大竞争领域，那么根据目标领域收购公司便是适宜之举。例如，梯瓦制药公司意欲扩大其在注射剂领域的业务范围，因而收购了荷兰公司 Pharmachemie。公司的关注点还可能是应对分销领域的威胁和挑战，因此会将目光放在从事分销业务的公司所在的行业上。比如，Electra 收购了 Sensor 和 Shekem 的部分所有权，以促进其消费产品的分销。对分销渠道或供应商的收购被称为“垂直收购”，而对竞争对手或互补性产品制造商的收购则被称为“水平收购”。

也就是说，战略缺口分析确定了搜寻和筛选的第一项标准：潜在目标所属行业。这个标准是以组织战略需求为基础的，明确了公司希望从被购方处获得的能力。这些能力即为第二步分析即运营缺口分析的一部分。举例来说，如果公司有意进行前向整合，收购分销渠道，那么所选被购方就应当具备相应的分销能力，包括适当的部署、应有的分销能力、适宜的客户等能切实符合主购方能力需求的因素。

运营缺口分析详细界定了公司针对各个职能领域的运营需求。在表 7－2

中，第一列列出了公司的不同运营领域，包括公司所感兴趣的一系列程序、技能和能力。如表 7－1 所示，第二列和第三列描述了当前情况和理想情况，第四列描述了二者之间的差距。第五列从公司运营角度强调了各领域缺口的重要性等级。第六列描述了消除这些缺口的积极意义。

战略和运营缺口分析可在公司战略和运营需求的基础上进一步确定理想中并购目标的特性。业务开发团队会根据这一分析结果制定出搜寻和筛选的标准。显然，这些标准是有优先次序的。首要的搜寻标准也便是在确定目标时要考虑的“交易阻碍因素”。这些标准通常包括：

■ 关注的行业（分销商、供应商和竞争对手）。

■ 公司规模（比如，销售水平）。

■ 初始报价（可能会超出公司投资计划的价格范围）。

公司可根据自己的需求确定其他交易阻碍因素，比如：

盈利能力水平——有些公司不愿为增强被购方盈利能力而在管理中投入太多的精力和时间，而其他一些公司则正是为了这个目的而进行收购。

组织文化差异——主购方希望在实现协同潜能的过程中尽量避免实施问题和困难，因此会倾向于选择文化差异水平低的目标公司。

协同效应水平——协同效应水平越高，在收回并购成本后的盈利水平也就越高。

标准的选择是以管理层的需求为基础的。可将不同标准加以合并，形成一个如表 7－3 所示的并购矩阵，从而对各个因素的影响进行比较分析，最终确定出它们的总体影响，而非单个影响。该表将协同效应和额外财务优势（比如税务优势）的影响与组织文化差异方面的实施困难的影响进行了比较。这一矩阵描述了四类情况，在每一个单元格里，都有一条行动建议。

表 7－3　　并购目标筛选矩阵：实施困难

		协同效应和财务优势	
		较少	较多
实施困难	较多	不具有吸引力	需要深入细致的调查
文化差异	较少	取决于其他备选目标和个人的风险承受情况	可优先选择

在搜寻和筛选并购目标方面，专业者与全凭运气的业余者的一个区别是，前者能基于对公司的战略和运营分析来选用不同的标准。在并购初始阶段，

凭借这一系列标准，基本上能进行一次小规模的尽职调查。因此，在进一步投入资源开展调查工作之前，可利用这些标准做好筛选工作。

搜寻战略的确定

在着手搜寻目标前，需做好下述准备：

■ 制定一系列筛选标准。如下文和前几章所述，这些标准应能反映出所寻目标的特征，并以公司的特定战略为基础。

■ 确定并购的投资预算，该预算方案应有助于在初期筛选并购目标，能灵活应对具体情况，并将现金支付和股票支付包括在内。

■ 主购方所感兴趣的业内其他类似目标的价格信息。重点在于业内通行的支付方式和定价标准，比如价格与公司价值（以股票反映）的比率。

接下来，主购方便可开始搜寻目标，或在经纪人协助下与某项独立的搜寻工作进行衔接。经验表明，完全依赖各方经纪人（如投资银行家、会计人员等）是远远不够的。主购方往往会对这些经纪人表现出失望，比如他们会说“这些人根本不了解我的业务和需求，他们提供的方案要么信息不足，要么分析不到位”。而另一边，经纪人也会时常抱怨：“这些客户总想知道每一个可能的交易，不然就会觉得自己错过了机会。我提出的方案他们没一个觉得满意——要么不合适，要么价位太高。真不知道他们到底想要什么，不过似乎他们自己也不知道。”

要想避免这样的冲突，最好还是制定出一套独立搜寻程序，必要时将各方经纪人的方案进行汇总分析。在这一过程中，公司需指派专门的人员或部门参与搜寻和筛选工作，而非依赖于外部经纪人。此外，在独立搜寻时，公司还要制定出筛选标准，并积累相关经验，这样才能引导经纪人的行动，而不会被经纪人牵着走。

独立搜寻计划

独立搜寻计划既要基于公司的战略分析和战略需求，又要考虑到从运营和战略缺口分析中总结出的一系列标准。下一步是依照主购方设定的行业识别出并购备选目标，这些行业通常是与主购方的活动相关的。也就是说，主购方要从其竞争对手以及与之产品互补的其他公司中进行探查，寻找并购目标。如果主购方考虑进行上游垂直并购（即收购供应链中位置靠前的公司，也被称为“后向整合”），那么其考查重点就是原材料和生产设备供应商和制造商，以及相关的运输公司。如果主购方考虑的是下游垂直并购（即收购供应链中位置靠后的公司，也被称为“前向整合”），那么就要考查分销商以及为其产品提供售后服务的公司，必要时甚至还有市场调研和信息咨询公司。

在收集上述公司相关资料和其他信息时，首先要获取公开信息，这些信息可能来自股票市场数据、高校数据库、报刊、政府机构数据，以及某些公司有偿提供的信息，比如 BDI 和 D&B 数据。半官方信息可从诸多渠道获得，比如银行的分析师和调研部门。非官方信息则可由各类顾问提供，包括律师、会计、销售人员、采购方和其他管理顾问。此外，曾与客户、竞争对手和供应商有过直接或间接联系的公司内部人员也可依照适当指示提供重要的信息。还可以通过互联网上的外国数据库轻松获取有关外国公司的信息。如果不存在保密问题，可在网上发布商业公告，表示意欲在某行业收购一家公司，并说明所寻目标的规模区间。此类广告会收到大量反馈，只不过其中很多都并不合适。

根据上述信息来源得出的备选目标列表还不完整。要记住，大多数信息都不是完全准确或及时更新的。不仅如此，这些信息往往会遗漏众多小型公司、私人公司或新成立的创业型公司。总而言之，在搜寻过程的早期，需要像侦探一样四处调查，从不同来源收集详细信息，并在商业情报框架下进行交叉核证。

通过经纪人开展搜寻

在完成上述步骤之后，主购方便可开始与投资银行家、商业经纪人以及意欲出售的公司建立联络了。通常，有收购意愿的大公司只需向相关方做出一个暗示，就可以引来诸多方案。各路投资银行家和经纪人往往乐于向大公司提供并购方案和建议。而极少受投资银行家关注的小公司，不妨向较小的经纪人或其顾问和律师求助。当然，它们也可以去咨询银行家、评估公司和并购管理顾问。还有一种不错的办法，即向非为投资银行家但却是专业经纪人或并购专家的第三方寻求帮助，此做法尤其适用于中小型公司。投资银行家要做的是深入了解主购方公司、编制大量文件，并协助主购方进行估值、谈判、融资等活动，但他们的收费也是相当高的。相反，一些经纪人仅仅协助主购方与被购方建立起联系。而在这两端之间，还有其他一些角色提供不同层级的服务。比如，拥有并购经验的管理顾问们可能会做出初步的价值评估，且收费相对较低。这些评估结果不一定准确，但却对谈判有所帮助。这样，主购方就不必为筛掉那些与其无关的方案而花费大量成本和时间了。

出于上述原因，大型公司，特别是计划进行多项并购的大公司，应当指派一个部门处理相关事务。任何情况下，任何规模的公司都可以求助于专业经纪人，甚至还可以聘用私人顾问，来协助其在并购各阶段与目标公司以及专业经纪人进行合作。相关费用取决于交易的执行情况，或估值、谈判等服务的提供情况，抑或二者兼顾。费用的计算可采用“1－2－3”法，比如，服务费应为1000万美元以下交易额的3%，再加上1000万~1500万美元交易额的2%，再加上1500万美元以上交易额的1%，计为被购方公司支出。当然，还可采用其他算法，比如固定价格加上针对特定服务的额外款项。

公司与顾问方之间的协议还可涉及其他问题，比如：

■ 顾问在搜寻目标公司的过程中是否有排他权？通常，主购方公司不希望出现这一情况，因此会保留行动的自由。

■ 顾问是否会提供其他帮助，比如估值、谈判、报告编制等服务？

■ 是否有保密承诺？

■ 在何等情况下会终止协议？

接触目标公司

接触目标公司的途径可归为三类：

■ 友好接触。

■ 投机式接触。

■ 恶意接触。

友好接触

这一途径通常针对高层管理者，是主购方积极寻求并购可能性的表现。这种做法的一个普遍特征是时间和金钱成本都比较低。另一个特征是，被购方管理层在并购后会继续留存，而主购方会与被购方保持一定距离，干涉较少。

尽管这是一种友好的做法，但被购方的首席执行官也可能会担心自己丧失权力和威信。此种途径成功的关键在于主购方首席执行官的人际沟通能力，特别是与被购方首席执行官沟通的能力。此外，当沿此种途径进入谈判阶段时，所提出的价格要从一开始就具有竞争力。并购备选目标公司的首席执行官会对保密性有较高的要求，特别是公开上市的公司，因为流言可能会造成股价的波动。任何情况下，如果谈判无果，利益相关方就会忧心忡忡，首席执行官也会产生不安的情绪。

投机式接触

此种途径的适用条件是，主购方知道对方公司是一个备选目标，这或是由于目标公司做出了此种声明，或是由于投行或其他并购经纪人提供了此种信息。还有一种情况是，主购方获悉目标公司可能会被另一家公司恶意收购。在此情况下，主购方很容易就能以“英雄救美”的姿态接近目标公司。而一旦目标公司对并购做出了许诺，主购方便可以友好方式与其接触，并在被购方认为适当时投出标书。为满足投标条件，必须要考虑时间限制以及被购方公司的具体要求，包括非财务需求。

投机式途径的另一个要素是廉价收购。此类收购对象包括那些有资金需求、希望被收购但却难以找到合适收购方的公司，也包括继承人无意接管或缺少继承人的家族企业。什么样的价格才算是廉价，这固然难以预先设定，但它通常取决于主购方的盈利能力和获得投资回报的能力。

恶意接触

恶意接触是指试图对目标公司进行恶意收购的情况。通常，这一途径是针对目标公司股东的，且会刻意避开其管理层，因为管理层会反对此种并购。这种情况下的并购成本会很高，因为目标公司的出价往往高于其股票的市场交易价格。此外，公司股价通常会在并购后短时间内大幅上扬。相反，主购方也有可能仅收购目标公司较少一部分股份，因而暂不会构成并购威胁，但此后又会提出收购其余股份的要求。此时，借助于股价在短期内上扬的趋势，潜在主购方可将其已收购的股份以较高价卖出，或是卖回给目标公司，或是卖给另一个赶来救美的“英雄”。瑞典卡车制造商 BT 实业公司对美国同行雷蒙德公司的收购，就是在后者遭遇了劫难之后。当时，其他公司已收购了雷蒙德的部分股份，随着它们获得的所有权比例不断增大，这些公司开始与董事会交涉，要求收购整个公司。从 BT 实业公司的角度来看，雷蒙德恰好符合其地域扩张的战略计划，因而其管理层及时抓住了这个机会，只不过付出了高昂的代价。

恶意收购在20世纪80年代的美国极为盛行，如今则日渐削减，一是由于立法得到了加强，二是由于股价的普遍动荡使这种做法风险重重，三是由于银行和保险公司都不愿为此类交易提供资金支持。

必要做法和应避免情况

× 不要跳过搜寻、筛选和选定程序，因为这个程序可以对若干备选目标进行考查。

✓ 要任命一个团队或一名经理专门负责并购目标搜寻和筛选工作。在此之后，这一团队或经理也将参与被购方组织的同化过程。

✓ 根据组织的战略计划以及对战略和运营缺口的分析制定一套标准，据此对每一个并购备选目标进行分析。

× 在搜寻和筛选过程中，不要仅仅依赖外部力量，而是要同时制定一个独立的搜寻计划。

参考资料

[1] Gomes, E., Angwin, D., Weber, Y., and Tarba, S. Y. (2013). Critical success factors through the mergers and acquisitions process: Revealing pre – and post – M&A connections for improved performance. *Thunderbird International Business Review*, 55 (1), 13 –35.

[2] Leighton, C. and Tod, R. (1969). After the acquisition: continuing challenge. *Harvard Business Review*, March – April, 90 – 102; Jemison, D. and Sitkin, S. (1986). The process can be a problem. *Harvard Business Review*, 107 –116; Jeris, L., Johnson, J. and Anthony, C. (2002). HRD involvement in merger and acquisition decisions and strategy development: four organizational portraits. *International Journal of Training and Development*, 6, 1: 2 –12.

[3] Schweiger, D., Csiszar, E., and Napier, N. (1993). Implementing international mergers and acquisitions. *Human Resource Planning*, 16, 1: 53 –70.

第三部分

谈　判

第八章　目标选择和谈判过程

前一章讨论了主购方公司筛选并购目标的过程。本章要讲述谈判过程、选择合作方以及评估合作方在联合经营中所占份额等核心问题。

在兼并或收购谈判过程中，主购方公司需就许多问题与被购方公司达成交易。这一过程将涉及反复的价格谈判，最终，主购方可能将向被购方支付高额溢价。与此同时，信息不对称的问题也会出现，换言之，主购方在对被购目标公司的了解程度上处于劣势，致使主购方收购被购目标后，遭遇各种始料未及的状况。鉴于此，主购方可能愿意向被购目标公司支付溢价，这或是基于双方间的协同潜能，或是为了防止竞争对手出现。前一种溢价动机有望通过节约成本的方式得到补偿，但后一种动机却可能带来更多困扰。

图 8－1 描绘了并购的谈判过程，即本章主要内容。如图所示，谈判过程包括交易动机、战略原则和预计目标。这几方面在前几章已有详述，因此本章关注的是达成并购协议的谈判过程，包括选择合作方、评估合作方、价格评估、磋商和达成交易。

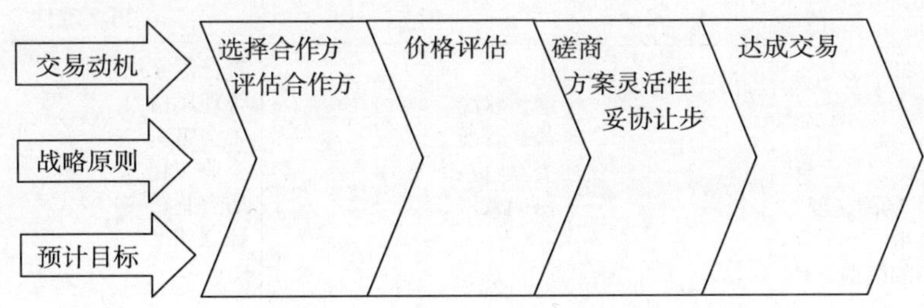

图 8－1　达成并购协议的谈判过程

选择合作方

如前一章所述，确定潜在的并购机遇有两种方式：一种是某公司在市场上自我出售时，主购方公司表达收购意愿（机会型收购），另一种是主购方公司主动地寻找收购机会（战略型收购）。理想情况下，两种收购方式采用同一种筛选方法。评估潜在的收购机会时，主购方一方面要进行战略层面的思考，另一方面又要不失时机地采取行动，关键是如何在这两者之间找到平衡。在此期间，公司的发展规划部必须依照公司战略制定出筛选标准。制定该标准要实现以下几个目标：

■ 明确指出主购方计划收购的是具备何种特质和能力的公司，指明此类公司被并购后能够怎样帮助主购方公司实现战略目标，以便进一步加强和明确主购方公司战略。

■ 确定被购目标应具备的财务绩效水平。

■ 有助于剔除政治或非理性因素促生的交易。

■ 能够尽早终止成功率低的交易，将资源集中到评估和寻找合适机遇上，以节省时间和资金，并有助于更快实现战略目标。

可以预见，筛选将分为不同层次——由高到低，越来越具体和细化。通常，筛选过程涉及战略、财务、交易可实现性等（见表 8－1）。简单地说，筛选过程就是先找出大体上符合主购方要求的一组公司，而后通过更加具体的筛选条件列出一份被购目标的短名单。短名单生成之后，进一步具体分析列入短名单的各家公司的状况，从而选择出满意的被购目标。

表 8－1　　兼并和收购的初级筛选

战略	财务	可实现性
市场的获得	规模	符合国家规章制度
• 地理条件	增长状况	管理风格
• 产品	盈利状况	工会组织
• 客户	资本收益率	企业文化
• 进入市场的速度	协同效应	所有制结构
能力的获得		风险状况
获得价值的机遇		
规模		
• 市场力		
• 规模经济		
• 增长速度		

每一项里都会有筛除标准（剔除被购目标的因素）和筛入标准（选中被购目标的因素）。表 8－2 详细列举了一些筛除和筛入标准。

表 8－2 筛除和筛入标准

筛除标准	筛入标准
与经核准的战略不相吻合 没有清晰的或令人信服的方案提议 增长缓慢，商品价值不高，通过洞悉市场、建立客户关系、成本控制等方式增加业务收入的能力有限 与生产能力和/或资质和/或标准不相符 长远发展的机遇不足以弥补起步时花费的成本和投入的精力 没有可持续的长远价值方案提议 管控风险与收益的能力不足	有令人信服的解决方案，使现有或潜在竞争者难以企及，使客户清楚地看到产品价值 与一个或多个现有的客户关系、技术、工艺或生产能力有清晰的关联 有使公司、客户及其供应商获益的机遇，如：营业额增加、成本降低和/或绩效改善等 创造了国际化的机遇 资本有效运用

表 8－2 并未包含所有筛选因素，其他类型的筛选标准还可以包括：

■ 被购目标总收入至少 X 百万英镑，或两年内有望达到 X 百万英镑。

■ 运营利润达到百分之 Y。

■ 年增长率达到百分之 Z。

■ 公司估值介于 A 百万英镑和 B 百万英镑之间。

■ 管理风格、决策程序的兼容性（比如是官僚型还是实干型）。

■ 技术或工艺已获专利。

■ 能否获得管理部门的许可。

■ 在市场上数一数二。

■ 技术一流。

■ 以所有制结构为基础的交易执行能力。

最好的筛选就是选出最具成功潜能、最有能力实现战略目标的商业机遇。

筛选标准自有其重要之处，因而应予以认真思量和权衡。通过筛选，即便是相似的被购目标公司也会表现出巨大差异。投入时间权衡筛选可以在很大程度上节省用以确定、评估和挑选被购目标公司的时间，因为通过缜密的筛选过程选出的被购目标公司已经符合各项要求了。同时，它增加了实现成功交易的可能性。然而，没有任何筛选过程是天衣无缝的，所以，必须保有一种常规的选择办法，防止某些合适的被购目标错误地被筛选标准拒之门外。

信息来源

获取用于确定和筛选潜在被购目标的信息，可以有多种渠道，如：

■ 公司雇员（管理团队、销售团队、研发小组等）。要创造条件使员工清楚了解公司的目标，比如理解公司的战略、增长动力和价值创造的来源，让他们知道自己可以通过何种方式帮助筛选或确定目标。

■ 公司数据库（邓白氏公司、汤姆森金融公司）。

■ 行业协会（成员名单、会议、月刊、研究人员等）。

■ 公司网站。

■ 大学（研究项目和权威教授）。

■ 报纸和杂志检索，新闻采编。

■ 贸易专刊和贸易展会。

■ 客户和供应商。

■ 竞争对手（对外公布的信息）。

■ 投资银行和风险资金公司。这些是行业专家，对特定目标市场有深入的了解。

■ 经纪人报告（可了解谁在关注哪只股票）。

■ 查阅当前的专利、商标申请以及它们的批准情况。

■ 自由行业专家和顾问。

■ 市场调查。

信息收集不应是一次性的工作。相反，主购方应当不断地拓展渠道，创造新机遇，并用前文讨论过的筛选标准审视这些新诞生的机遇。

在选择被购目标时，还应当考虑目标公司在规模和能力上的相似性。针对战略联盟的研究指出，除了公司经营活动的关联性以外，也应当考虑规模和能力的相似性（Bleeke 和 Ernst's，1991；Chung 等，2000；Ahuja 和 Katila，2001）。然而，其他一些研究指出，上述相似性论点经不起推敲，且并非是收购成败的决定因素。在收购中，规模比较大的主购方能够获得较好的收购结果，因为它有许多现成的资源可供被购方有效使用。对比福特收购捷豹和路虎与宝马收购罗孚这两个案例，就可以说明上述观点。相比之下，大公司福特对小公司捷豹和路虎的收购要比规模相当的两个公司宝马与罗孚的兼并更加成功。收购捷豹后，福特用十多年时间并投入40亿美元，方使其顺畅运转。收购路虎时，福特也投入了相同的人力、物力和财力。相反，经历了连续六年的亏损之后，宝马最终决定卖掉罗孚。这表明宝马与福特两家公司的规模差异在并购成败中起着重要作用。在资源水平上，宝马不及福特，因而无法承担连续六年亏损的重担。因此可以说，并购时公司规模存有差异并不一定会导致并购失败。实际上，规模较大的公司在收购小公司时，只要投入足够精力，顺利完成并购过程，就能最终获益。在这种并购中，规模较大的公司有能力将其资源和竞争力调配到规模较小的公司里去。

找到合适的被购目标公司之后，主购方要在战略、组织、金融和文化方面对目标公司进行更加细致的分析。分析过程包含战略匹配度和操作匹配度两个层面。这些分析能够在各个谈判阶段帮助主购方评估收购成效，探讨未来可能存在的问题，为顺利执行扫清障碍。因此，主购方公司不仅要考虑战略、结构和组织体系等硬性因素，也要考虑文化、员工、管理和业务风格、技能和目标等软性因素。

评估目标公司

评估目标公司的优劣势

许多论述都指出，夸大被购目标公司产品和市场地位的优劣势是人们评估时常犯的错误（Van de Vliet，1997；Donnelly 等，2001；Thompson，2001；Angwin，2001；Gomes 等，2008；Gomes 等，2009）。成功的公司有能力在短时间内衡量出潜在收购目标的优势与劣势。这种评估对于国内的并购而言已非易事，更不用说跨国并购了。跨国并购要求主购方对国与国之间政治、经济、法律和文化等方面的差异有深入的了解。在目标公司所在国无任何业务经验的公司，最好在收购时雇佣当地的中介机构辅助评估过程。普利切特、罗宾逊和克拉克森（Pritchett、Robinson 和 Clarkson，1997）打过一个有意思的比方，认为签订合作协议就像是购买二手车：“我们想努力做好功课，但在达成协议前，无论怎样分析，也不能得到所有需要的信息……对方总会强调好的方面，掩盖或淡化存在的问题。”

评估目标公司管理团队的质量

在评估阶段，许多公司所犯的另一个致命错误是，过高评估目标公司的管理团队质量及其核心竞争力、战略能力、文化和行为模式。有意收购另一公司的管理者们需要有各种稳定的信息来源，从而鉴定出目标公司的真正实力、人才和管理风格。普利切特、罗宾逊和克拉克森（1997）引用了《收购视野》对537个公司所做的评估研究，这些公司在五年时间里都至少完成了一项收购。最常被提及的并购失败原因就是被购方公司的管理水平低于预期。他们还指出，在很多案例中，管理团队中的骨干精英在公司被收购后便离职了。

评价投资需求

现实、准确地评估未来投资需求是并购能否获利的重要影响因素。研究证据表明，并购时，人们容易低估财务和非财务层面的投资。成功的公司都会仔细地分析未来投资需求。柯特青（Kitching，1967）相信，即便是在成功的兼并中，母公司也很可能低估子公司未来投资需求。宝马收购罗孚就是一个典型案例，在该收购案中，宝马明显低估了未来的投资需求，这也导致其投资回报低于预期水平。

在并购中，如果主购方找到合适的收购目标，并能在达成收购交易前实验性地与目标公司经历一段“求爱期”，那么并购计划的执行就能更加成功。因为，在这段“求爱期”，双方通过短期项目合作，有机会加深彼此间的了解，使主购方的评估不仅仅建立在常规的战略和财务分析上，而且还建立在并购执行阶段才最终显现的、更细微的文化层面的分析之上。收购捷豹之前，福特没有与之经历这样的“求爱期”，再加上福特缺乏短期内衡量被购目标公司优劣势的经验和能力，这最终不可避免地导致评估过程失败，进而导致福特不仅对捷豹品牌价值评估过高，而且对其未来投资要求评估过低。结果，福特支付了一笔高达16亿英镑的溢价。相反，代尔、凯乐和辛格（Dyer、Kale和Singh，2004）举了一个成功收购的案例，其中主购方将与被购目标公司的“求爱期”视为取胜的重要因素。这些研究认为，思科近25%的收购项目都始于小额股权投资。这些小额投资让思科得以借助一些合作方加速产品开发，并有机会评估各家公司，以决定收购计划是否真正可行。据思科所言，公司会用一年至一年半的时间与合作方建立信任，并决定是否与其合作。这种股权关系使思科能够甩开竞争对手，在时机成熟时迅速完成对目标公司的收购。思科在并购和建立联盟上取得成功的原因还包括它建立了一系列分析体系，因而能够在恰当的时间采用恰当的商业策略（代尔等，2004）。

上述分析表明，有并购经验和整体发展战略且倾向于在并购前与被购目标经历“求爱期”的公司更容易提前设计出方案，选择正确的商业安排和被购目标，并且能更好地对目标公司进行评估。

价格评估

仔细、全面地评估被购目标公司之后，主购方就能更好地协商出合适的交易价格。正确评估目标公司并避免支付过高价格是至关重要的。杰米森和西特金（Jemison 和 Sitkin）认为：“迫于快速完成交易的压力，公司管理者无法缜密、冷静地思考战略和组织匹配度的问题，以至于得出草率的结论。”（1986：110）他们指出，管理者越是对协议情有独钟，就越难以进行客观分析，难以接纳本可放慢或终止这一过程的批评意见。古尔德、坎贝尔和亚历山大（Goold、Campbell 和 Alexander，1994：220）认为：“公司发展过程中，价值遭到破坏的一个最常见、最主要的因素就是出价过高。在并购中，主购方往往因支付过高溢价而减损其价值，这很难实现预期收益。”范·德·弗利特（Van de Vliet）赞同美世公司副总裁皮尔斯·怀特海德的观点，认为这种事情经常发生，因为“一旦管理者因即将掌控更大的公司而自我膨胀，他们便盲目地爱上了那笔并购交易”（1997：40）。

跨国收购时，主购方要更加仔细地评估被购目标公司，因为相比国内收购，这种收购中公司之间信息不对称的情况更为严重。英克潘、桑达拉姆和洛克伍德（Inkpen、Sundaram 和 Rockwood，2000）分析了 20 世纪 90 年代所有最接近硅谷公司类型的美国技术型公司所进行的并购活动，得出的结论是，由欧洲主购方公司参与并购的失败几率大于由美国主购方公司参与并购的失败几率，这是因为相比美国的主购方，欧洲主购方倾向于支付更高的溢价，美国公司所付溢价率为 14%，而欧洲公司所付溢价率高达 43%。

蔡尔德和福克纳（Child 和 Faulkner，1998）认为，在并购中，价格是由市场决定的，同时，会有其他潜在竞购公司参与并购，这使得并购比其他合作形式（如建立联盟）价格更透明。各具体行业的制胜因素不同，因此评估被购目标公司价值所需的资源和时间也不尽相同。蔡尔德和福克纳（1998）认为，有两类主要因素应当予以考虑：（1）硬性因素，即容易进行量化分析和评估的因素，如合作方的固定资产、流动资金、以往及当前的盈利状况等；（2）软性因素，比如那些难以测量但又对公司成败至关重要的无形资产。品牌名称、专业知识、关系网络、技术转让等软性因素往往是并购或建立联盟的主要动因。

谈判

并购失败的风险往往源于谈判过程，这一过程可能存在两方面的问题：首先，双方没有产生好感，也没有达成行动计划；其次，多数参与交易的人员，包括律师、会计、银行投资人员甚至是公司内的并购团队，在交易达成之后随即撤出了项目，而对接下来的执行过程不负任何责任。谈判应当在最大程度上使公司觉得所有参与者都可从所达成的交易中获益。这一点尤为重要，因为一旦达成交易，即意味着各方接下来要携手进入一个新的阶段。如图 8－2 所示，如果双方遵循上述原则，在努力维护自身利益的同时，也维护对方的利益，那么，最终结果必定对双方都有利，而且长远来看，这种兼并更容易取得成功。

A方利益 \ B方利益		
	A胜 B输	A胜 B胜
	A输 B输	A输 B胜

图 8－2　可能出现的谈判结果（Fisher R. 和 Ury W.，1981）

可见，双赢的局面很大程度上取决于双方能否找出并追求共同利益。这也正是前文所述规模和能力相似的公司兼并时易于成功的原因之一。此外，费舍尔和尤里（Fisher 和 Ury，1981）指出，谈判取得成功的一个关键因素是找到满足双方基本目标的解决方案。他们还认为，各方不应预先设定一成不变的谈判立场，而是应基于目标和各种备选方案进行谈判，以使谈判过程富有灵活性。因此，在谈判时，各方不妨对可能达成的谈判结果预先设定一个可接受的变通范围。他们必须设想到最好的（上限）和最坏的（下限）谈判结果。这有助于公司制定出“谈判协议最佳备选方案”，以便在回应对方的谈判协议最佳备选方案时，能够澄清自身的谈判立场。谈判过程中，公司需了解的另一个重要因素就是文化差异。对于跨国并购而言，这一点尤为重要，因为此种情形下，文化差异更加凸显。如何应对文化差异是在选择、评估和谈判等初期阶段就应高度关注的一个重要而又敏感的问题。

谈判的不同阶段

并购过程的许多阶段都可以独立进行。然而，谈判阶段却是一个互动的过程，需要反复进行，并需要并购团队的众多成员同时推进大量活动。依照本章建议的方法，谈判目标不仅在于交易价格，也应覆盖其他方面，如过程控制、组织管理风格、协议签订后整合计划的实施等。韦伯（Weber，2003）将谈判过程分成四个主要阶段，每个阶段下又包含一个二级阶段（见图 8－3）。这一描述是全面的，但在具体案例中，各阶段实施的顺序不尽相同，甚至有些阶段根本不需要实施。

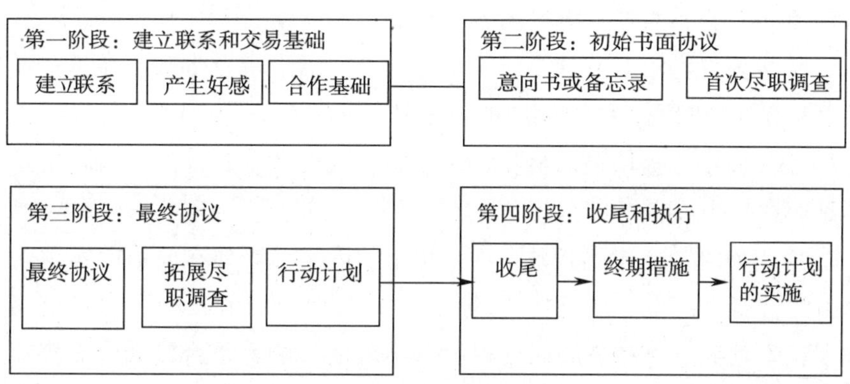

图 8－3　谈判阶段

第一阶段是建立联系和创造商业基础，使各方都感到可以从该交易中获益。在第二阶段，业务方式将有重要的变化，重要的交易准则将逐步形成。在第三阶段，将进行深入的业务考查，包括适当的审查和尽职调查，并且制定最终协议。在签署协议前，迫切要做的事是制定一份行动计划，详细陈述各方合并（整合）的方式和程度。最后，在第四阶段，将进行交易的收尾工作，并将执行方案付诸实施。

建立联系

确定合适的被购目标公司后，主购方应当制定出与目标公司建立联系的战略。销售过程的有效开展始于第一次接触，因此该阶段不容忽视。下一节将论述建立联系时的一系列重要选择和考虑事项。这一阶段会影响交易的成败，因此建议各方给予足够重视。

以下是一系列重要的考虑事项：

1. 应当与谁联系？主要股东；首席执行官或经理；公司的银行经理人和律师。

2. 如何与之联系？先打电话；面谈；信函。

3. 是否需要正式的方案以及书面材料？

4. 谁最先进行联系？与被购目标公司的首次联系很重要，可由不同的人采用不同的联系方式：首席执行官；业务部门的经理；通过投资银行经理人匿名进行；公司内部与被购目标公司有个人联系的人；公司内部与被购目标公司有商务联系的人，比如销售经理。

5. 准备与联系人谈及哪些内容？

6. 你想要提供给对方的具体信息是什么？给出售方带来的益处；项目合理性以及存在的问题；解决问题的方法等。

7. 是要向对方提供书面材料，还是做正式的介绍？首次会议是要正式一些还是随意一些？

8. 应当何时与之建立联系？项目重组的影响（想要在出售前实现获益）；委任新的首席执行官（缺乏出售的意愿）；其他公司的收购意向（公司是否遇到了竞争对手?）；经济周期（对财务绩效的影响，是否愿低价出售?）；接近年终（能否接触到重要人物等问题）。

9. 如果建立联系后收到了肯定的答复，如何计划下一步的商讨？

10. 如果建立联系后收到了否定的答复，可以选择哪些备选方案以推进这一项目或其他并购机会？

许多管理者不喜欢与目标公司建立直接联系，担心会得到对方的负面回应。然而，还是有很多主购方成功地与目标公司建立了联系，特别是在收购中小型私营公司时。有些人认为，20%的公司都是潜藏的卖方，这些公司愿意考虑主购方合理的收购意向，但是在经纪人、投标书或业内并购宣传信息出现时，却畏首畏尾，因为这牵连到它与供应商、客户和其他方之间的未来业务。在这种情况下，主购方如果能够以直接且谨慎的方式联系目标公司，就能占据很大优势。然而，主购方也要做好心理准备，因为主动建立联系的尝试有80%的可能会被拒绝。此外，一些管理者认为，主动接触潜在目标会使他们在谈判时处于不利的地位。其实，谈判地位取决于谈判进行的方式。因此，只要公司采用正确的方式进行谈判，最初建立联系的做法就不会对其谈判地位的高低产生任何影响。

直接建立联系的方式可以是向被购目标公司的首席执行官或所有人写信。措辞上要相对含糊些，但要表现出对被购目标公司的兴趣。信中要说明写信人随后将向收信人致电。电话交谈时，双方将探讨各种方案，包括主购方收购对方公司部分或绝大部分业务的可能性。电话交谈之前做好充分准备是非常重要的，建议将谈话要点事先写下来。必须以迅速但又间接的方式切入主题。要介绍你自己，表明身份，介绍你的公司和你方优势，同时展现出对被购目标公司业务的了解（即便是先前没有与目标公司建立过任何联系），讲述这些业务的优势。换句话说，致电人要相当迅速地指出并购的优势所在。当然，认真聆听对方的回应也十分必要。如果联系后有进一步推进的可能，则双方要面对面地探讨并购的具体方案选择。

遭到拒绝后，应继续保持与对方高层管理者或公司所有人的联系。保持这种联系能够拓展双方关系，并且营造相互信任和尊重的氛围。随着时间的推移，起初的拒绝在很多情况下会转变为成功并购的开端。因此，应该时不时地拜访一下被购目标公司，或时不时地向其寄送宣传册以介绍主购方的发展状况。在每一次这样的接触中，被购目标公司都将留意到主购方公司的并购意向。当目标公司所有人最终表现出并购兴趣时，这种不间断的联系通常就能使主购方公司抢得先机，在回应时间、相互信任甚至最终价格方面胜过其他潜在竞争者。

促生好感

好感描述的是并购参与各方之间的关系质量。它是一种心理上的联系，比书面材料或法律文书更重要。尽管是抽象的，但好感对于并购的成功至关重要，因为它像“黏合剂”一样，将交易双方紧密联系在一起。没有好感，并购双方就没有激情和信任。缺乏好感时，即便在战略或实际操作上都是正确的，并购也会失败。

双方之间产生好感的重要基础是彼此的信任程度。当一方认为另一方在战略和实践层面能够做出正确选择时，相互信任便建立了起来。它关乎成功后利益的分享，关乎各方如何践行承诺，尽管这些都不会在合同中写明。

然而，谈判过程涉及诸多问题，建立信任并非易事。许多商业经验表明，交易时，有必要保持警惕，甚至要对另一方的真实意图持怀疑态度。因此，谈判即将开始时，各方往往在表露真实目的上非常谨慎，以防被对方利用，使自己能够成功地达成交易。同时，交易各方都在尝试找出对方的真实意图。换句话说，谈判是一个从一开始就存在各种怀疑的过程。双方都在竭力掩盖己方信息，同时又在努力搜集对方的信息。

除上述因素外，交易双方深知，他们行事风格不同，重点和优先事宜有别。实质上，每家公司的管理文化都不尽相同，组织文化上的差异往往在双方第一次会面时就已展露出来。有时，这种差异会制造交流障碍，致使双方彼此缺乏信任。文化会影响人们对谈判过程中某些关键问题的分析角度和解决方式。了解这些文化差异能够帮助谈判者更好地理解和诠释对方的谈判行为，并找出弥合文化差异的方法（Salacuse，1998）。无论处于何种状况，谈判各方都应当关注一系列重要的动态因素，包括沟通、建立信任、跨文化认知、人物性格、议价风格、撰写意向书和回应意向书的策略等（Saorin – Iborra，2004、2006）。

以下是一些在谈判过程中创造好感的规则：

■ 共同利益——注意聆听对方意见，当双方共同利益点出现时开始采取主动。要用心捕捉对方所说和未说的内容，这无疑是谈判成功的关键所在。必须要了解对方的需求，这是交流的重要基础。不要一味地按自己的意愿在不恰当的时点采取主动。

■ 文化差异——要探讨差异，而不是将其掩盖或模糊处理。要尊重这些文化差异。如承认文化差异，便能够避免猜忌，有助于消除误解。可利用文化差异来促生创造力，但在进行辩论或个人宣传时，要谨慎对待文化差异问题。

■ 系统思考——放眼全局并关注所有细节。考虑整个问题对其他人的影响，包括客户、员工、公司所有人等。

■ 关注点——侧重少数、重要、优先级高的问题，将主要精力用在解决它们上面。

■ 双边主义——评估双方利益时，要将它们视为具有同等价值的公司。不能偏向一方的利益，而不顾另一方的利益。

最后，关于如何处理各方差异甚或利益冲突，还需要进一步讨论。首先，即便各方有许多利益重合，它们之间仍会存在大量分歧。一方面，不能放弃自身利益；另一方面，又必须尊重对方利益，并为双方找出创造性的解决方法。其次，重心要放在当下这笔交易上，而不要过多考虑对未来的各种假设或期许。在很多谈判中，代表公司谈判的管理者或经纪人并不一定是公司的主要所有者。这些代表人有他们自身的利益考虑和计划安排。要注意这些利益之间的差别，甚至是冲突。比如说，代表人虽做出承诺，但却并没有权力实现这些承诺，这些承诺也不一定完全符合公司的利益。有时，代表人的行为并非出于公司的利益考虑。

行动计划

谈判应按计划进行，以使并购有效推进，实现谈判的战略目标。如果管理层认为谈判过程应关注对方财务和法务上的评估，那么谈判以及相关活动都将仅仅围绕各种合同和数据进行，而忽视在谈判中建立伙伴关系以实现共赢这一重要过程。这种类型的谈判必定会失败，因为它侧重的只是技术评估和收购本身。此外，要谨记，参与谈判的大多数人，包括律师、会计、投资银行人员等，会在交易达成后随即撤离，不会对协议签订后数年内的执行和成败承担任何责任。因此，必须在最终协议签署前就并购的执行制定一个共同行动计划。

出于保密的原因，职业经理人以及其他高层管理者通常不会参与或被告知谈判过程。然而，这些人中不乏会对公司并购的具体操作事项承担责任并扮演重要角色的管理者。由于他们处在谈判过程之外，执行层面的重要细节就有可能被忽视。这些细节看上去简单，但对于操作和结构上的调整都至关重要，比如信息系统、人力资源系统、组织文化差异等。它们会成为公司整合过程中的重大障碍。

共同行动计划的准备和起草情况可预示未来并购的成败。该计划及其准备过程能够使并购双方在达成并购协议前后实现重要的目标。该计划包括以下几方面：

- 在签署协议及确定最终价格前，考察协同潜能。
- 考察双方团队建立合作和协同工作的艰巨性。
- 制定切实可行的执行时间表。
- 核实执行成本。
- 了解组织文化差异。

■ 确立合同签署后的实施步骤、责任分配、组织架构以及共同的工作流程。

■ 缩短或彻底消除不稳定期这一滋生谣言的温床，它可能会导致管理者和核心人才流失，增加成本。并购协议签订后出现的不稳定期、紧张状态以及产出的下降是并购中的典型状况，一般会持续数月，可能导致整个并购的失败。

■ 实现双方相关管理者执行整合的承诺。

行动计划的准备过程如同它的内容一样重要。准备过程能够检验双方是否有能力共同解决问题并营造共同“语言”。这一过程要在协议签署前完成，以免在协议签署后遭遇意外状况。该过程能够使双方产生好感，建立信任，消除不稳定因素，化解谣言，澄清未来各自的责任与角色，为并购规划及其执行赢得公司的支持。

有时，双方会在公司之外举行为期三天的研讨会，考察在一定压力下双方共同工作的状况。或者，还可以安排一系列会面机会，尤其是在等待有关部门审批期间，前提是反垄断部门并未彻底反对双方之间的此种联系。无论选择何种方式，如果双方管理者未能一同撰写出详细的行动计划，那么在并购时成功实现共同管理的几率就会很低。正如IBM一位高管所说：“如果还没有提出所有的问题，就已经给出了所有的答案，那么这就表明你没有充分思考过整个计划。”

该过程的要点包括组建指导团队、选择团队成员、选择团队领袖、确立指导委员会和各小组的职责，以及各小组依照工作计划、日程表和报告流程展开工作。所有这些工作都应当遵循事先制定的工作表单和标准以及预先计划好的检查和控制流程。

谈判和准备过程

并购谈判真正的挑战不是双方管理团队不同的谈判立场，而是双方在需求、期望、关切点和利益方面存在的冲突。并购谈判与房地产、房屋、汽车、家具、原材料制造设备和服务的采购谈判有所不同。并购谈判应当能够通过合作创造协同效应。在兼并中，实现谈判双赢这一目标，就是要双方共享创造力和协同工作能力，从而“将蛋糕做大”，而不是去担心谁能比对方分得更大的一块蛋糕。

很多情况下，双方的争斗源于“谈判是零和游戏”这一观点。这种观点认为，资源和机会是有限的，一方的获得总是以另一方的失去为代价。因此，如果谈判中一方在某一项事宜上获利，那么另一方必然就会丧失利益。这一观点对谈判活动有重大的影响。出于对权力的理解（即使这种理解是错误的），谈判中提出的要求或建议是极端且不切实际的。广为人知的一个手段就是，当讨论进行到某种程度，甚至对方已提供了敏感信息时，谈判一方会声称“我们无权对此做出决定”。如此一来，谈判者便将决定权推给了更高级别的其他人。另外一个常见的手段就是人为控制情绪，比如，一方试图向另一方灌输罪恶感，强调个人特殊需求或是主张特殊权利。这些基于“零和”观点的策略阻碍了能使双方共同进步和获利的协同合作。它们最终导致一方胜，另一方输。于是，一方会感到自己丧失了利益，甚至是感到自己受到了欺骗，因而会伺机以牺牲对方利益为代价来补偿自己。这种合作是不现实的，注定会失败。

不选择“零和”策略并不会使你处于弱势。强调你的公司的优势和竞争力是必要的。只要交易是公平的，在讨价还价时就不必有何顾虑。对谈判过程做好计划十分重要，而在公司外聘请并购谈判经验丰富的业内顾问也会大有帮助。在顾问的协助下，有时只需一到两天的研讨会，就可以理清谈判的所有环节，包括开局、议价和收尾，并为谈判策略、目标、开局立场、对方公司评估和进程阶段做好准备（见表 8－3）。

表 8－3　　谈判条件、立场和目标

主要事项	开局立场	妥协立场	放弃立场	评估对方立场	放弃的可能性以及目标实现后的获益状况
事项 1					
事项 2					
事项 3					
事项 4					
事项 5					
事项 6					

最初几次谈判的目标之一就是尽可能多地搜集对方的信息，包括它的目标、运作模式、组织文化、管理风格、以往并购经历、未来意向等。要获得

这些信息，重点是要首先辨别出核心信息，而后确定适宜问题清单，最后针对谈判组成员将所需信息和所提问题进行分类。当然，所有这些都是在前期计划框架内确定的。举例说明：2002 年下半年，当食品行业的两家公司准备谈判时，被购方团队就不同相关领域列出了约 80 个问题。（这家公司最终以评估价值的 30% 被收购!）这类谈判准备使对方公司看到了主购方对交易的重视和专业精神，增强了主购方在谈判中的影响力，避免了传统的“零和”策略。除此之外，谈判准备能够确定达成交易的底线，包括价格底线。不经过精心的准备，就不能确定这一价格，谈判团队就有可能丧失主动性，最终被迫支付高得离谱的溢价。例如，以色列一家领先的高科技公司本打算以 2 000万美元收购一家合适的目标公司，但在谈判中却被对方牵着走，最终支付了 1.6 亿美元。最后，还有必要分析议价的能力，以便在谈判过程中恰当把握暂时中断谈判的时机。

下面是评估各方议价能力时可能提出的问题：

■ 各方有哪些备选方案？

■ 各方需要完成交易的紧急程度如何？

■ 对方对并购感兴趣的程度如何？

■ 各方计划投入的资源之间的比率如何？

■ 对方欣赏你方公司战略和实践优势的程度如何？

■ 协议达成后，你方公司的参与情况对于对方公司的重要性如何？

谈判团队

谈判应由团队而非个人掌控。无论何种谈判，团队都比个人有优势，因为团队能够听到、看到个人不易理解的情况。团队能够集体思考、组织、消化并采取新的行动方向，而这正是谈判所需要的。此外，团队在并购框架下具有个人不具备的重要优势，包括：

■ 放缓谈判过程，以便深入分析各个细节、机会和不确定因素。

■ 能够在谈判过程中推进多组平行对话，从而节省时间，深入不同领域，并且能够在谈判进入僵局的时候采用其他沟通渠道。

■ 使不同领域的专家介入谈判过程。

■ 使负责整合操作的中层管理者介入谈判过程，产生执行并购计划的热情，并提出在执行时可能出现问题的各种细节。

■ 能够与对方公司建立团队协作框架，为双方的未来共同努力。

组建谈判团队必须十分谨慎。来自不同领域、具备不同技能的人员都应当有机会参与，包括具备谈判能力的人，具备金融领域知识的人，一位“疯狂投入”的领导者，以及一位具体负责整合事宜的管理者。不要在少数几次会议后就试图结束谈判，因为谈判需要时间，一旦缺乏耐心，议价能力就会减弱。

总而言之，尽管有各种建议和方法，并购谈判依然是一个复杂、敏感的过程。每一种境况都包含一系列特殊的因素，涉及不同形式的安排，不同的公司和人员以及不同的领域、文化、动因和目标。因此无论怎样，我们的建议是，来到谈判桌前的公司，都要拿出高度的热情、投入、透明度和信任。

参考资料

[1] Ahuja, G. and Katila, R. (2001). Technological acquisitions and the innovation performance of acquiring firms: a longitudinal study. *Strategic Management Journal*, 22: 197 – 220.

[2] Angwin, D. (2001). Mergers and acquisitions across European borders: National perspectives on pre – acquisition due diligence and the use of professional advisors. *Journal of World Business*, 36 (1): 32 – 57.

[3] Bleeke, J., and Ernst, D. (1993). *Collaborating to compete: Using strategic alliances and acquisitions in the global market place.* New York: John Wiley and Sons.

[4] Child, J. and Faulkner, D. (1998). *Strategies of co – operation: Managing alliances, networks, and joint ventures.* New York: Oxford University Press.

[5] Chung, S., Singh, H., and Lee, K. (2000). Complementarity, status similarity and social capital as drivers of alliance formation. *Strategic Management Journal*, 21, 1 – 22.

[6] Donnelly, T., Morris, D., and Mellahi, K. (2002) The European automobile industry: Escape from parochialism. *European Business Review*, 14, 30 – 39.

[7] Dyer, J., Kale, P., and Singh, H. (2004). When to ally & when to

acquire. *Harvard Business Review*, 82 (7/8), 108 – 116.

[8] Fisher, R., and Ury. W. (1981). In Child, J., and Faulkner, D. (1998). *Strategies of cooperation: Managing alliances, networks, and joint ventures.* New York: Oxford University Press.

[9] *Financial Times*, 14th June 2000; Donnelly, T., Morris, D., and Mellahi, K. (2002). "European Automobile Industry: Escape from Parochialism." *European Business Review*, 14: 30 – 39.

[10] Gomes, E. (2009). *Acquisitions in the UK car industry: A comprehensive analysis of the merger processes.* Saarbrucken: VDM Verlag Dr Muller AG & Co. KG.

[11] Gomes, E., Cheema, P., and Janavaras, B. (2008). Effect of national cultural differences on the performance of cross – border mergers: Case of Indian companies going abroad. *Journal of International Business Research and Practice*, 1 (1): 79 – 96.

[12] Goold, M., Campbell, A., and Alexander, M. (1994). *Corporate level strategy: Creating value in the multibusiness company.* New York: John Wiley & Sons.

[13] Inkpen, A., Sundaram, A., and Rockwood, K. (2000). Cross – border acquisitions of U. S. Technology assets. *California Management Review*, 42 (3), 50 – 71.

[14] Jemison, D. and Sitkin, S. (1986). The process can be a problem. *Harvard Business Review*, 107 – 116.

[15] Kitching, J. (1967) op. cit. Barret, P. (1973). *The Human Implications of Mergers and Takeovers.* London: Institute of Personal Management; Schweiger, D. M., and Weber, Y. (1989). "Strategies for managing human resources during mergers and acquisitions: An empirical investigation." *Human Resource Planning*, 12: 69 – 86; Weber, Y., Shenkar, O., and Rave, A. (1996). "National and corporate culture fit in [mergers and acquisitions]: An exploratory study." *Management Science*, 42 (8), 1215 – 27; Donnelly, T., Morris, D. and Mellahi, K. op. cit.

[16] Kitching, J. (1967). "Why do mergers miscarry?" *Harvard Business Review*, November - December, 84 - 101; Leighton, C. and Tod, R. (1969). "After the acquisition: Continuing challenge." *Harvard Business Review*, March - April, 90 - 102; Donnelly, T., Morris, D., and Mellahi, K. (n. d.). "ROVER - BMW: Study in merger failure." *Coventry University, Business School*, Occasional Paper; Angwin, D. (2001). "Mergers and acquisitions across European borders: National perspectives on pre - acquisition due diligence and the use of professional advisors." *Journal of World Business*, 36 (1), 32 - 57; Gomes, E., Cheema, P., and Janavaras, B. (2008). "Effect of national cultural differences on the performance of cross - border mergers: Case of Indian companies going abroad." *Journal of International Business Research and Practice*, 1 (1); Gomes, E. (2009). *Acquisitions in the UK Car Industry: A Comprehensive Analysis of the Merger Processes.* VDM Verlag Dr Muller Aktiengesellschaft & CO. KG: Saarbrucken. Gomes, E., Donnelly, T. Collis, C. and Morris, D. (Forthcoming, 2010). *Mergers and Acquisitions as Strategic Methods of Business Development in the Global Automobile Industry: An Analysis of Five Cases.* New York: The Edwin Mellen Press.

[17] Pritchett, P., Robinson, D., and Clarkson, R. (1997). After the merger: *The authoritative guide for integration success.* Second Edition New York: McGraw - Hill.

[18] Salacuse, Jeswald W. (1998). Research Report: Ten Ways that Culture Affects Negotiating Style: Some Survey Results. *Negotiation Journal*, July, 1998 (221).

[19] Saorín, MC. (2004). Choices in joint ventures and acquisition negotiation behavior. *Management Research*, 2 (3), 219 - 234.

[20] Saorin - Iborra, M. C. (2008). Time pressure in M&A negotiations: its determinants and effects on parties' negotiation behavior choice. *International Business Review*, 17, 285 - 309.

[21] Schweiger, D., Csiszar, E., and Napier, N. (1993). "Implementing international mergers and acquisitions." *Human Resource Planning*, 16, 1:

53 –70; Morosini, P. (1998). *Managing Cultural Differences*. Oxford: Pergamon Press; Testa, G. and Morosini, P. (2001). "How to win in execution: the Role of leadership in CNH Construction Equipment M&As and Alliances." In: *Berlin Carnegie Bosch Institute Conference on Internacional Management*. October.

第九章　扩大尽职调查范围，对并购做出总结性评估

在双方做出决定并发出谅解备忘录或意向书后，有必要进行尽职调查。这一过程包括对所有收购相关问题的调查，以确保主购方（或兼并双方）在达成协议并做出支付前，获得对方公司的所有相关信息。本章将在现有观念的基础上，进一步拓展尽职调查的范围。除了对财务和法律等事项的常规调查外，本章建议对以下两个使得多数并购成功的主要因素进行全面调查：一是协同潜能，二是实现这种潜能的能力，这主要体现在交易双方的管理或组织文化差异上。

尽职调查的过程和目标

尽职调查是一个多阶段调查过程，包括对被购方法律、财务、战略、管理和其他方面文件的检查，以及对承包方、组织结构和公司整体运作的调查。从本质上来说，它主要是将现实情况同所有促成交易并使交易具有吸引力的因素进行对比调查，以考查被购方的现实状况是否与其愿景相符。出于保密原因，在谈判初期，主购方可获得的信息十分有限；出于市场考虑，被购方或其代表会强调要出售业务的优势，而不提及它的劣势。尽职调查过程当然也能使主购方发现其他一些好的方面，但以往经验表明，调查发现的通常都是被购方和交易的缺点。主购方此时有以下几种选择：（1）如问题影响不大，则按照合同收购公司；（2）协商交易价格；或（3）放弃交易。

尽职调查由一些团队共同完成，这些团队的规模主要由交易的复杂程度决定：

■ 财务或账目调查——由会计和财务人员进行。

■ 法务调查——由律师或法务部门进行。

■ 商业战略调查——由公司管理层及其顾问进行。

在此过程中，各团队应就被购方公司在运作以及实现协同效应方面存在的风险和潜在问题进行信息交流。若一丝不苟地进行这样的调查，可能会费时费力费钱，还可能让人沮丧。然而，这对于并购的成功是必不可少的，可以提供关于目标公司、收购成本和风险的重要信息。主购方要做好准备的是，在尽职调查过程中，目标公司可能会有所防备，予以抵抗，表现出不耐烦的情绪。大多数管理者并不喜欢别人对他们的决定或活动进行严格的调查，尤其是在调查旷日持久的情况下，因为这会给他们的未来带来不确定的隐患。

参与调查者应具备高度的职业素质，这样方可确保调查的有效性。调查会影响双方未来的关系，甚至会导致交易终结。调查过程中，无论是问题的选择、提问的方式、回答问题的人选，还是提问的时机，都需要非常多的技巧。调查人员还应有能力营造一个令双方彼此信任而又敬畏的氛围，这样才能得到可靠而完整的信息。千篇一律的调查问题列表并非适用于所有的公司，一定要找出目标公司特有的问题，这是调查的重点所在。

调查过程包括多个阶段。首先，在基本数据收集阶段，要确定主要的调查事项。而后，依照数据分析结果提出疑问，并根据并购中的特别问题进一步收集数据。必要时，这些阶段会重复进行。不过应当牢记的是，调查是个艰难的过程，需要小心谨慎、考虑充分，以免最终断送掉整个并购交易。

扩大尽职调查范围

令人惊奇的是，管理层在对并购做决定的过程中，对诸如文化和人力资本方面的差异性等因素几乎没有什么关注。当今，情况尤为如此，即便众人皆知，并购的成功几率很低，而管理或组织文化差异对并购的成功起着决定性作用。实践中，管理层在讨论和决定收购一个公司时，很少考虑文化差异给并购操作带来的风险。通常，他们只关心财务/账目和法务方面的传统尽职调查数据。这可能是因为，管理者和顾问们并不知道该采取何种方法测量文化差异，因而认为这样一个含糊抽象的问题是难以探究的。本书将介绍并详述一些方法和管理工具，可用来对文化差异进行适当测量，以使管理层能够：

■ 正确判定某项并购对于公司而言是否适宜。

■ 考虑文化差异以及操作过程中可能遇到的困难，确定适宜的成交价格。

■ 在规划公司整合步骤时，更好地处理文化差异和人员去留问题带来的挑战。

■ 确立相关的谈判目标，以应对操作时面临的挑战。

因此，本书对传统的尽职调查范围进行了扩展，也囊括了对被兼并或被收购公司管理文化和人力资本差异性的调查，以及对现有协同潜能的科学评估。

尽职调查主要事项

2001 年发布的调查显示，来自不同国家的管理者对尽职调查各项内容的重视程度有所不同。例如，德国人和瑞士人认为尽职调查对了解他们要进入的行业十分重要，而瑞典人、荷兰人、法国人和英国人则更看重尽职调查在其他方面的重要性。比如，荷兰人更重视对文化差异的评估和对整合过程的安排，而德国人则认为这些并不是那么重要。

接下来的章节将讨论尽职调查中涉及的不同事项，仅以例子说明，没有孰轻孰重之分。实际上，对于每项并购，都有必要调整相应的调查问题。正如前面所说，在收集和分析初步资料后，应在各阶段提出一些特殊的问题。

法律事项

在尽职调查过程中，收购团队和法律顾问将收集数据，以应对大量的法律问题。这一过程将使他们了解要成功达成交易需要采取的法律步骤，比如同股东、董事、银行、风险投资基金、政府或有关当局（如反垄断局、法院、银行监管机构等）甚至是主要客户签订协议。团队还将审查主购方在承担被购方的各项短期和长期债务时是否会产生法律问题。这些债务的债权人可能是负责环境污染、税收等事项的政府机构，也可能是公司内部提出索赔的员工。下面列出了一些法律问题范例，可能并不全面，但却可为法律调查提供参考：

1. 法人组织、管理条例和股东

■ 公司管理条例和法人组织文件。

■ 董事会和股东大会相关协议。

■ 股东名单及年度报告等。

■ 目标公司有权开展经营活动的国家名单，以及所涉及法律问题。

■ 目标公司股东间所有的合同和协议。

2. 财务

■ 与股东签署的贷款和信贷协议。

■ 由股东或其他方为目标公司债务做出的个人担保。

■ 过去五年内提交给管理委员会的财务报告。

■ 与税收和其他政府部门往来的所有信函。

■ 同高级管理者和主要人员签订的，针对在特定情况下支付专项费用和补偿金等的协议。

■ 跨国业务相关事项，如对某些业务的法律限制、专利保护、进出口许可、政府监管、关税。

3. 管理和人员聘用

■ 同所有员工签署的就业合同。

■ 与其他方就咨询、管理、金融服务签订的协议及专业性附件。

■ 劳资协议以及同工会或专业协会签署的协议。

■ 安全和卫生档案，包括员工索赔。

■ 员工的所有福利计划，包括：

- 养老金和退休金。
- 利润分配。
- 期权和股票。
- 保险，包括经理和董事的保险、医疗保险等。

■ 人力资源领域的所有指令、程序和政策，如招聘、晋升、性骚扰、休假或假期、报销等。

■ 过去三年内离开目标公司的每位经理人和核心人员的个人信息（地址、电话号码、个人档案）。

4. 目标公司的有形和无形资产

■ 所有资产租赁债务，包括场所、地址、续租权和成本。

■ 目标公司拥有的所有房地产，列出场所、地址以及特点，包括要承担的环境污染等责任和风险。

■ 其他所有有形资产。

■ 抵押贷款、税务、保险，以及其他所有与目标公司资产相关的协议。

■ 所有已取得的专利、正在申请的专利、商标、权利、网址、许可、授权，以及其他有关知识产权的协议和往来信函。

■ 所有关于目标公司资产的研究、评估、意见以及其他报告的复印件。

5. 合同与其他义务

■ 所有产品、原料、设备、器材、服务等的销售和采购合同。

■ 目标公司设施扩建计划的相关文件。

■ 研究合同。

■ 经销合同、许可、授权和代理。

■ 联盟和战略合作协议，以及联合计划。

■ 限制目标公司在某一领域的竞争权利的协议。

■ 购买、出售、撤除供电、燃气、供水、电话通信、垃圾处理或其他服务的合同。

■ 可能造成环境污染的所有材料，以及对这些材料的处理办法，包括移除方式和储存场地。

■ 同物流公司、托运人和投递服务公司签署的协议。

■ 信用证。

■ 目标公司经营业务所需的许可、执照和政府认证（如所有权变更，可能会过期或无法延展）。

6. 索赔

■ 关于出售给客户的商品或服务质量的所有索赔或争议、员工提出的索赔、政府禁令及其他警告。

■ 每一项索赔中目标公司的诉讼律师或辩护律师的意见。

■ 所有和解协议、调解书等文件。

■ 劳资关系体系、罢工等情况的说明。

■ 所有与政府当局的往来通信。

7. 其他

■ 所有高层管理人员和核心人员的简历。

■ 过去三年中在媒体上发表的各种声明。

■ 有关本行业的各种市场研究、调查以及专家报告。

■ 过去三年中被目标公司聘请的所有专家和顾问。

■ 正在使用的标准格式文件，如采购表和销售表。

业务和运营事项

在法律团队进行调查的同时，另一个团队也将就业务和运营事项开展尽职调查。在这一过程中，该团队可能会发现一系列问题，并评估这些问题引发的风险以及交易的盈利空间。这一过程发现的典型问题包括：过度依赖少量客户或供应商，错误地评估库存量或无法售出的存货，未被记录在案的坏账，税收债务，不匹配的信息系统，因设备、库存、电脑系统陈旧而急需的投资。

如果被购目标公司所在的行业和从事的业务与主购方不同，那么主购方需要额外解决一些重要问题，包括：在这个行业中取胜的关键因素是什么？目标公司在该领域的形象和声望如何？目标公司是否在特定的细分市场中有业务？其市场份额是在增加还是减少？原因何在？改善目标公司业务状况需要采取哪些步骤？完成上述事项需要多少成本？以下是一份相关事项的清单，并不全面，仅供参考：

1. 资金

■ 分析所有财务报告，调查财务关系、现金流、近几年相较整个行业和重要竞争者的趋势；调查要根据产品、地域分布、销售渠道等因素进行。

■ 并购交易是否影响财务数据（包括主购方公司每份股票的收入）。

■ 往年发账单和收欠款的情况如何？给客户的平均信用额度是多少？前些年是否存在坏账？收账体系是如何运作的，可靠程度如何？

■ 公司的资本架构是什么？杠杆式关系有哪些？有哪些短期和长期的债务？

■ 依据产品、地域分布等因素对未来几年做出的财务预测。未来几年增长和盈利的主要驱动力有哪些？预期结果是什么？对于各领域中国内和跨国业务的风险和威胁有何预期？

2. 运营

■ 被购目标公司后勤体系是如何运行的？运输成本如何？原材料监管如

何？库存量状况如何？

■ 生产方法是什么？效能水平如何？生产能力和生产能力的开发状况如何？扩大生产的能力以及由此产生的成本如何？残次率如何？对季节和周期的依赖性如何？

■ 设备、工厂和不同的设施运行状况如何？维修水平和成本如何？设备、机械、设施和器件何时需要更换？更换费用如何？

■ 被购目标公司是否依照生产计划、日程表和报告运作？相关数据是怎样获得的？经验曲线上有没有进步的空间？是否在获得原材料方面有承诺或协议？采购政策是什么？

■ 运营政策和程序如何？

3. 营销和销售

■ 被购目标公司的客户群和市场有哪些？主要产品或服务有哪些？主要客户的地址、电话、姓名/名称、规模、财务状况、预期需求，以及与客户保持关系的平均时间和广度？在获取新客户和保留老客户方面分别投入多少精力？

■ 在每一个涉足的领域占有多少市场份额？

■ 每一个涉足的领域存在哪些威胁和机遇？趋势是什么？对包括经济、法律、政府/政治、社会/文化/人口以及技术环境在内的环境因素的预期如何？客户、供应商、竞争者、就业市场等方面的状况如何？对行业动力进行的分析，包括竞争激烈程度、进入壁垒、替代品等。

■ 销售方法是什么？要与该领域竞争者进行对比。

■ 对竞争者及其优势和劣势进行描述和分析。他们的发展和战略趋势是什么？对竞争者的金融报告、声望、产品和服务类别、各产品的差异性水平和组成部分进行分析。

■ 与分析竞争者一样，分析客户的相关信息和具体特点。

■ 被购目标公司营销战略是什么？在广告和宣传、促销、公关等领域的计划是什么？这些计划的有效性如何？

■ 被购目标公司是怎样采集数据、收集商业信息、从事市场研究的？

4. 管理层和管理方式

对于组织文化事项，要进行单独讨论，问题包括：

■ 组织架构是什么？它如何体现在组织结构图上？职责描述如何？它们

是否与现状相符？权利和责任是怎样划分的？组织内的沟通方式有哪些？

■ 组织内的工作关系是什么？历史上发生过哪些罢工？

■ 高层管理者和核心人员的背景、经验以及教育状况如何？

■ 组织内招募新人、提拔人才、指导工作、绩效考核和表彰的方式如何？

■ 组织中管理层和员工的流动性如何？近几年，有无核心人物离职？有多少人离职？他们曾任职于哪些岗位？

■ 被购目标公司的战略是什么？制定战略的过程是什么？选择战略的过程是什么？相关信息是怎样被使用的？信息描述和分析的水平如何？使用商业情报的程度如何？对实施战略的过程有无计划？是否设置了可衡量的目标？是否使用了一些分析工具？

■ 组织内监督和审查方式是什么？

■ 组织的使命或愿景是什么？是否有关于使命或愿景的正式文件？

■ 描述组织内的信息体系及其管理、有效性、维护情况和交流要求。

5. 研发

■ 对研发战略、核心人员和主要活动的描述。

■ 新产品的状况、预期投入市场的时间、开发所需成本、所需技术，以及风险。

■ 已取得的专利和正在申请中的专利。

■ 与其他方之间的研发关系，联盟、战略和联合计划。

有关组织文化的尽职调查

管理和组织文化的差异会损害并购过程和实现协同潜能的能力，甚至会导致整个并购失败。ECI 与塔迪兰通信，克里奥与赛天使，迈捷克科技与红雀科技之间的兼并就是典型例子。因此，必须要对组织和管理文化之间的差异进行评估和衡量。这样并购双方的决策者才能决定他们是否对此并购感兴趣。如果回答是肯定的，那么他们必须做好充分准备，迎接可预见的各种困难，为收购确定适宜价格，计划公司整合的过程，并有意识留住核心人员。在多数并购中，这些核心人员会流失，在公司文化存在巨大差异时尤其如此。

如果时间和资源允许，全面的文化尽职调查包括六个阶段：（1）计划；

（2）研究；（3）制定评估和测量方法；（4）测量和收集数据；（5）总结、报告和建议；（6）整合过程及其实施。下文将简单描述这六个阶段。

1. 计划

有必要确定文化评估涉及的领域、事项、部门，以及它们所需的保密级别。此外，还有必要明确评估和测量所涉及的每个组织、部门和人员的访问级别。有必要确定这一过程中的数据收集、材料、文档和报告的各种要求。比如，在第二阶段，有必要进行协调并得到批准，以获得或了解过程中需要的计划表、职责、后勤等材料或事项：有关管理文化的正式文件有哪些？要与谁、在何时进行面谈？应该怎样使用包括问卷调查在内的测量工具？

2. 研究

收集和分析数据，包括首席执行官的声明、书面的愿景或使命声明、内部沟通文件、年度报告、新员工的相关材料、组织结构图、公司网站相关材料、向客户发放的出版物等。额外需要收集的材料包括就道德、工作氛围等方面进行的员工调查。此外，还要收集“软性”过程的各种信息，比如对各类行为如何奖赏以及这些奖赏如何塑造人们的行为。沟通的方式是怎样的？信息是如何传递的？

3. 确定评估和测量方法

在研究阶段，完成对材料的分析后，便可以找出核心事项，并根据访问权限和所需保密程度确定搜集信息的方法和范围，包括面谈、聚焦特定人群或使用问卷调查，从而确定数据收集和分析的阶段和计划，以及数据样本的大小。

4. 测量和收集数据

与核心成员和高管层面谈，分发问卷，约见双方公司中选定部门的业务骨干人员，约见谈判团队成员和尽职调查人员。

5. 总结、报告和建议

为主购方公司或双方公司高管层以及整合过程指导委员会准备一份报告和演示。报告要包括对整体文化差异、不同部门文化差异以及文化的不同维度进行的分析。对整合时不同领域中文化差异可能造成的影响和失败程度进行的评估也应当写入报告。应当提出建议，以应对公司整合不同阶段的执行挑战及其对员工造成的影响，并预防整合后管理者和核心成员流失。应提及实现协同潜能的可能性，并确定并购项目的适当整合方式。

6. 整合过程及其实施

应在整合启动会上将研究分析结果呈交给管理者们，并在随后的各整合阶段提供给团队成员。有必要让团队成员关注如下方面：数据验证、应对各种实施挑战的方法、对所建议的文化调整进行监督和检查的过程，以及整合过程产生的预期效果。

有关协同潜能及其实现的评估

本节增加了对兼并中协同潜能以及实现这种潜能的可能性的分析，考虑了组织文化差异、预期成本和所需进程，从而扩大了尽职调查范围。详细的尽职调查有助于更深入理解被购目标公司的资源、管理技能以及竞争优劣势。如此，主购方公司便可通过分析文化差异来更深入地分析协同潜能。

借助积累的信息，可更精确地分辨出价值创造的源泉在哪里，比如职能的联合及效能的增加、各种销售渠道、各互补性产品的辅助作用，以及不同领域专业知识的转移等。表 9－1 和表 9－2 列出了这些领域，现总结如下：

■ 协同效应的来源和所属领域。

■ 实现协同效应的方式（职能和/或活动将在哪家公司被联合，知识将被转移给谁，等等）。

■ 对调动每个协同效应来源所需时间的评估。

■ 从财务上评估依照计划实现每个领域协同效应所能带来的优势。

■ 实施整合过程的条件和要求。

■ 整合过程中实现协同效应所需的成本。

表 9－1　　在＿＿＿＿＿＿领域的协同效应

编号	协同潜能的实现和实施	经济价值（千）	进程计划	与任务组和其他领域间的关系

表 9－2　整合过程所需成本例表

领域和事项	成本	责任	评估基础
办公室动迁 改造或建造房间 新办公家具 电话和电脑			
信息系统 调配信息系统 购置软件			
市场营销 更换包装 媒体广告 告知客户			
人力资源 离职补偿 员工安置 有关组织文化差异的研讨会			
资金账目 调整报账系统 调整收款系统			
生产或运营 调整生产过程 生产线转移			
法务费用 版权或商标或专利 有关谈判和工会协议的法律咨询			

此外，你必须描述兼并过程带来的战略优势，比如并购后产生的战略选择和机遇。这些机遇给公司带来诸多益处，如提升其他业务，进入更细分的市场，加强获得研发资金和其他投资的能力，增加税收优势，提高声望，加强形成联盟的能力，创造新的战略，等等。

总之，扩大范围后的尽职调查需要主购方和目标公司精心安排，深入合作，并对这一过程给予耐心。任何试图缩短这一过程的企图都会在未来招致意外状况，拖延实施过程，甚至导致并购失败。任何虚假陈述或掩盖事实的行为都可能会在合同签署后招致官司。应当将各项评估总结成一份特殊报告，提交给主购方公司管理层。若不进行这些评估，主购方很有可能介入一个原本并不应当介入的并购项目，或摒弃一个事实上能够带来巨大利润的并购项目。

必要做法和应避免情况

✓ 有必要就扩展后的尽职调查各个阶段进行规划，并囊括所需信息、获取信息的方式、不同团队中成员的角色分配、制定的进程计划等。

✓ 调查过程应增加一个环节，专门分析组织文化的差异及其对并购和整合过程实施的影响。

✓ 该过程要细致描述协同潜能分析结果，并包括对不同领域协同效应进行的财务评估、实施进程计划、实现协同潜能的方式和成本以及战略优势等。

✓ 有必要辨明主购方团队是否适合调查被购方公司的各种文件，比如复杂的财务报告和技术报告等。

✓ 有必要辨明主购方团队是否适合进行尽职调查，能否受到目标公司的欢迎并与目标公司展开合作，能否保持良好、公开、透明的沟通，以防止出现误解和意外状况。这一过程对主购和被购双方都十分重要。

× 被购目标公司不应掩盖或美化数据；否则，可能会身陷错误的并购项目中，甚至在协议签署后因作假而遭到起诉。

第十章　签订协议

在前期会议中，买卖双方理解了各自的视角和目标。在理想状况下，这一过程能够使双方都认为对方是最佳合作方。在此之后，谈判过程将进入另一个重要的阶段，即准备合同签署前的书面协议。该协议会明确各方的初步想法，开启双方增进了解、建立长期伙伴关系的过程。这个阶段需要清晰和完善的组织以及精心的准备，以确保最终协议与各方目标均保持一致，为未来的工作指明方向，并为并购的成功实施奠定基础。鉴于此，签订一份意向书或谅解备忘录将有助于这一过程以及第九章“扩大尽职调查范围，对并购做出总结性评估”中描述的尽职调查过程。

意向书或谅解备忘录

在此阶段，谈判方式发生了重大变化。前期会议期间达成的理解与对话，将被字斟句酌地转变成书面文件，载明当前已达成一致和未达成一致的事项。虽然对于这些书面文件尚存争议，认为其可能会带来相应的法律义务，但多数参与谈判的企业高管还是认为，在投入更多时间和金钱之前，能在意向书中确定各方的意向和业务框架比较令人放心。多数情况下，意向书并非旨在约束对方，但极特殊的条件和状况除外。此外，有了意向书，双方就等于是为兼并事宜和后续正式谈判做出了心理上的承诺。

意向书有多种形式，不同的商业法律顾问会对其有不同的调整。大体上来说，意向书包括：（1）具有约束力的条款；（2）不具有约束力的条款；或者（3）两者皆有。具体选择哪种形式，可以参考以下因素：

■ 主购方和被购方公司达成意向书期间的花费。

■ 预计何时双方能够达成最终协议。

■ 向公众公开各种信息的必要性，对上市公司而言这一点尤为重要。

■ 有没有可进行并购的备选公司。

多数情况下，包含约束和非约束两种条款的混合意向书更加有效。这类意向书包括一些重要原则，构成最终协议的基础。因为意向书提出了需要明确和需要签订最终协议的事项，故而总体上创造了一种心理承诺，使双方能够严肃、深入地进行谈判。

典型的意向书包括：

■ 交易评估——收购价以现金、股票、信托财产或是以分期的形式支付，取决于未来的绩效和预设条件。可以为此采用某种算法而不是设置固定的数额，比如可按年营业收入或是税息折旧及摊销前利润的五倍来计算。

■ 交易结构——写明并购的性质，诸如资产、设备、业务、职责、支付方式（现金和/或股票）。

■ 监管和管理模式——董事会规模、董事长、选举权以及决策时选票比例的规定。如果被购方公司首席执行官或所有人并购后仍在公司任职，尤其是当被购方公司股份被收购了50%及以下时，被购方需明确决策独立性以及业务运营持续性的问题。无论是对于保留下来的管理层而言，还是对于希望该管理层能在协议签订后继续高水平运作的主购方而言，这都是一个敏感而重要的问题。双方需就此商定各种事宜，如高管的委任、投资水平、无须董事会同意而设定的目标和战略、薪水和奖金的设置，以及目前为止仍独立运行的公司在管理和运营层面的其他重要事项。

■ 达成协议——达成协议的日期以及所需文件。

■ 尽职调查——明确尽职调查阶段、日程表及公司文件的访问权限，同时描述高管、股东、顾问以及其他代表公开数据的问题，如公开主购方财务和业务报告、合同和协议、计划、资产、管理者和员工信息，等等。

■ 排他性——在主购方为完成并购及签订约束性协议而进行各项调查期间，被购方有义务避免与其他公司商谈并购事宜。多数情况下，这段期限被限定在2~3个月之间。

■ 保密性——主购方及其管理者有义务对获知的信息以及由此得出的结论完全保密。

■ 开支——并购过程需要各种开支，如向各顾问和公司支付的费用。因此，意向书要明确何方承担此类费用。此外，主购方希望明确被购方若终止交易则需支付给主购方的补偿金。同理，被购方希望明确主购方若撤销或未能完成并购（比如因融资失败）则需支付给被购方的补偿金。

■ 管理层合同和雇员协议——意向书需明确有关管理者和员工安排的重要条件，比如他们在被辞退或是自行离职时获得的补偿金。

■ 签订最终协议的条件——双方都希望明确各自免责的重要条件或情形，如股价暴跌、大客户流失等。

■ 达成交易前业务不中断——主购方公司通常希望通过签订意向书来确保达成交易前被购方业务不会发生有损于其价值的实质性变化。例如，希望被购方业务如往常一样运行，且不出现重要资产变卖以及业务负担增加的情况。此外，主购方希望被购方能够良好地维持设备性能，并妥善处理客户关系。

总之，签订意向书是一个互动的过程，双方均希望借此了解对方，做好建立长期关系的准备。该过程需要合理的组织，表 10 – 1 就这一协作过程的时间安排和职责分工提出了建议。然而，该过程可能持续更长的时间。例如，大型并购中尽职调查所需的时间比一般并购中所需时间更长，当被购方在许多国家都有办公地点和业务活动时更是如此。此外，反垄断当局等政府机构以及董事会的审批可能需要很长一段时间。因此，时间安排应由双方共同制定，以便提前预见到各种延迟状况，从而避免因失望和不信任感导致交易尚未开始便告流产。

表 10 – 1　从签订意向书到达成交易期间的建议日程和任务安排①

时间	任务	责任
达成交易前 7 ~ 8 周	1. 签订意向书，获得管理层、董事会和谈判委员会的批准	并购双方和顾问
	2. 向被购方公司传达尽职调查要求	主购方
达成交易前 6 ~ 7 周	1. 整理尽职调查材料并将其发送给主购方	被购方
	2. 尽职调查	主购方团队和顾问
	3. 草拟合同	并购双方律师
	4. 全面调查被购目标公司的财务报告	主购方顾问

续表

时间	任务	责任
达成交易前5～6周	1. 谈判调查和校订合同草案	并购双方顾问
	2. 董事和股东的批准	并购各方管理层
	3. 编制供第三方（保险业或银行业监管机构、大客户、反垄断当局等）确认的材料	并购各方顾问
	4. 准备各项调查的总结报告并递交首席执行官	主购方团队
达成交易前3周	1. 对提供给报刊、媒体和其他方的材料进行相互审查	并购各方管理团队
	2. 按计划完成所有必要文件	并购各方管理团队
达成交易前1～2周	1. 谈判终期所有细节	并购各方顾问
	2. 获得各项许可，如缴纳税费	并购各方顾问
	3. 审核其他许可，如董事会的决议	并购各方顾问

注：①摘自《并购管理》（Weber，2003）。

收购协议

完成了尽职调查、评估和鉴定，并就条款和价格达成一致后，收购团队就必须开始认真准备收购协议了。与一般的意向书不同，这一协议是具有法律约束力的文件。如果一方无合法原因未能完成收购事项，则须为所造成的损失负责。

通常，协议的初稿主要是由买方的律师准备的。买方想要确保在收购资产和负债后，不会对卖方公司未公开的任何债务承担责任。收购协议的谈判过程主要就是将收购前和收购后存在的风险分配给各方。也就是说，谈判的一个主要内容是要分配因被购目标公司法律和财务问题而可能在收购后产生的经济损失风险。

买方通常比较担心的风险是卖方的欺骗或违约，以及在谈判过程中没有预估到的情况。例如，卖方可能在收购完成后遭到起诉，原因可能是其厂区因管理疏忽而变成了有毒的废料仓库。因此，对于主购方公司未通过并购交易承担的任何债务，以及因陈述、担保或协议有瑕疵造成的任何损害或损失，主购方公司常常会要求被购方全额赔偿。

因此，该协议可以实现以下一些目标：

a. 清晰说明交易的组成结构和条件。

b. 描述卖方主要的法律和财务状况。

c. 以约束性条件促使买方和卖方完成交易。

d. 约束卖方，要求其在交易结束前无重大变动，保持良好运营状态。

e. 指导双方在遇到交易结束前未予适当披露的新问题时采取适当的行动。

为了实现上述目标，典型的收购协议应当包括以下几个部分：

a. 交易价格和结构。

b. 买卖双方的陈述和担保。

c. 交易结束前应满足的条件。

d. 交易结束前的业务持续状态。

e. 赔偿。

f. 终止程序及补救措施。

事项 a 也指交易的构成，如股票配置或资产配置。在资产收购中，该条款将确定转交给主购方的资产。在兼并中，该条款将描述交换后各股东每份股票的收益，以及其他一些重要问题，例如，董事会组成和顶层高管姓名和职位。

事项 b 通常指明既定条件下，达成交易后若出现未知或未预见性问题时，双方应承担的财务责任。在主购方看来，达成交易后，若未公开事项造成收入和资产减少或债务增加，应由被购方负责。因此，被购方必须向主购方做出一系列具有约束性的书面陈述和保证。这些条款将描述被购方公司的法律和财务境况，说明交易不会违背即将被收购的公司所签署的任何协议和承担的任何义务，并以附录和附表形式载明所有已披露的重大事实。这一点非常重要，因为如果任何一方发现另一方的陈述和保证是虚假的，就可以撤出收购协议。

关于交易前应满足的条件，可在协议中纳入表 10 - 1 所列各项内容。应当充分思考这些步骤和条件，因为如未满足这些条件，另一方便有权撤出交易。

主购方公司有义务在达成协议之前维护公司的商誉，并维持公司资产状况。各方也应在谈判中提及不履行协议的惩罚措施，如降低收购价格，或撤出交易。

在有关赔偿的条款中，可列出当对方未履约时各方可采取补救措施或索赔的情形。

协议的最后一部分可约定交易终止的情况以及后果，例如约定交易完成的截止日期，以及明确控告违约方的权利。

也可能需要签订其他协议，如竞业禁止协议、盈利能力支付计划和债权人之间的协议。

如何得到律师的帮助[①]

指挥谈判的是管理层，而不是律师。律师所做的是提供咨询服务。有些人建议，律师只需参与交易的最后阶段，而支持这种观点的理由十分令人信服。律师应该保护他们的客户，使之避免未来的麻烦和突发状况。正如之前提到的，并购的初期阶段对于创造好感或建立信任十分重要，还有助于构建能够预示交易对双方益处的合作基础。如果一名律师依照其工作性质，指出交易中的困难和问题，将促进信任的形成和对利益的强调。如果在初期阶段没有做好充足的准备，就可以请律师尽早介入。律师提出的意见旨在防范风险，这便填补了准备上的欠缺。

初期的合同草案会使对方产生畏惧，在不同的技术细节上保持抗拒和高度谨慎的态度。然而，并购交易并不会因为合同的法律严格性而走向失败。双方应当将关注点放在信任和协议上，抛开畏惧情绪，只有这样，双方才能富有创造性地达成有价值的交易。当双方认可了并购交易的价值，甚至进入到交易的细节时，律师便可根据双方的观点和意愿构建协议。

有些律师建议制定一个“交易撤出战略”。他们强调，如未事先解决并购交易失败时如何剥离或撤出的问题，就不应当进入并购交易。然而，这种做法会埋下交易分崩离析的祸根。强调撤出问题会分散对战略和运作机遇的关注，使双方一心查找问题，而不去把握机遇。

在第一阶段，建议不让律师介入讨论。可在重大问题决策时，咨询他们的意见。当然，在签订保密协议阶段，也可以请他们介入。如果意向书包含许多类似于最终协议的条款，则无疑需要律师的帮助。此外，尽职调查阶段

① 摘自《并购管理》（Weber，2003）。

也同样离不开他们深入细致的工作。

建议聘用有并购经验的律师。能够灵活变通的律师胜过单刀直入的律师。此外，具备税收知识的律师能在确定交易结构时提供巨大帮助，并能节省项目成本。

可从以下几个方面节省律师费用：

始终让律师“站在场边”（就像拳击比赛中的教练一样），使他们在谈判初期可时不时地介入并提供建议，但又不完全成为合作方。

■ 在小公司对大公司时，应允许大公司起草法律文件。大公司有全职律师或长期顾问，他们有固定格式的协议。这可使大公司的谈判人员感到自信，有掌控感，同时也使小公司在初始阶段节省法务开支。

■ 建议拟定一份内容详尽、条理清晰的协议草案，将之作为其他法律文件的基础。否则，律师就需考虑各种潜在风险（即便有些风险并不重要），并准备一份很长的文件，以应对可能出现的各种不确定情况。此类准备大多花费高昂，而且会使对方产生畏惧或抵触情绪。

■ 事先为项目设定时间定额和间接费用，并依据项目进度和完结时间确立支付条件。

第四部分

兼并后的整合与实施

第十一章　文化冲突管理

波士顿咨询公司近期一份调查显示，文化冲突是阻碍两公司成功并购的最大障碍。这一点，调查中83%的公司高管都赞同。的确，商业运作失败案例中不乏并购案例，其失败可部分乃至全部归结于文化和整合问题，比如戴姆勒—奔驰与克莱斯勒、美国在线与时代华纳，以及美国电话电报公司与美国现金出纳机公司。然而，文化冲突是可以驾驭的!

基于第六章“文化和文化差异分析”的详细描述，你能想象到，不同维度和领域中，文化差异程度各不相同。如果出于某种原因，比如双方协同度很高，主购方会不顾文化差异而收购目标公司，那么，此时双方管理团队以及员工之间的文化冲突便需得到妥善管理，否则，文化冲突将演变成尖锐矛盾，甚至是破坏性活动，阻碍兼并的执行。

许多并购原本成功的可能性很大，但却因主购方未能妥善管理文化差异导致的冲突而最终失败。本章主题正是文化层面的这一管理挑战。

文化冲突的演变及其发展阶段

研究组织冲突的学者认为，冲突是一个过程，包含前提条件、情感状态(如紧张和压力)、一方对另一方的负面态度，以及从消极抵触到公然挑衅程度的冲突性行为。第一节将探讨文化差异何以致使人们产生此类情感状态和负面态度。

收购或兼并之前，在对内外部环境的理解上，公司顶层管理团队会达到某种程度上的平衡。随着时间的推移，在经验共享的基础上，一家公司的成员会形成对决策程序、行为、程序、奖励体系以及组织生活各个方面有重要影响的共同理念和价值观念。而在并购时，两种文化彼此裸露在对方面前，在同化的过程中，各自原有的平衡便会被打破，从而导致不同文化间的沟通出现问题。各公司独有的各种共同理念和价值观念，原本有利于其组织内部沟通顺畅，此时却可能成为阻碍双方成员顺利沟通的根源。

此类沟通障碍会导致厌恶、对立、民族主义，进而更易产生误解，或加剧情绪化反应和冲突。

许多案例分析、研究和实践都对并购中的文化冲突做过很好的描述。通常，文化冲突过程表现出四个阶段：

1. 差异觉察

管理者和员工开始觉察到两家公司的不同时，文化冲突便不知不觉地出现了。当他们注意到两家公司领导人的风格、行为和理念不同时，最初还会觉得是件有意思的事。紧接着，管理者和员工将面临不同的工作方式和流程，不久，他们便意识到两家公司运作的方方面面都各不相同。此时，如果这种状况未得到控制，公司间的差异便会被放大。

2. 差异放大

随着共事时间的拉长，所觉察到的差异变得更加显著，进而更加两极分化。随着目睹的行为差异越来越多，人们很快便得出这样的结论：双方在价值观念和理念这一更深层面上存在差异。此时，由于人们不喜欢对方公司的做事方式，文化冲突可能会成为各种矛盾的根源。对于被购方的人员而言，这一点尤为突出，因为他们需要适应主购方公司的行事风格和运作程序，并改变其原有的行为习惯。这种改变会使员工对执行任务的正确方式、能否圆满完成目标任务、监管者和对方公司管理层的回应等方面产生质疑。有关能否成功完成任务的因果模糊性普遍存在，这致使人们对另一公司的人员倍感焦虑，并产生负面情绪。

3. 刻板成见

人们会不断概括对另一方公司的看法，进而开始对另一方公司的人员产生成见，认为他们行为方式都一样，因此认定他们都是一类人。在跨国并购或跨地域（如美国北部和南部地区之间）并购中，这种刻板成见会被进一步强化，好比游客参观另一个国家后，会对该国下定论一样。我们认为他人的理念和习惯怪异或奇葩，大多是因为他们与我们不同。这一点毋庸置疑，比如说，中国人就跟美国人不一样。同样，当两家公司的人相互接触时，一方会认为另一方“好”或是“差”，或是抱有其他看法。

4. 相互贬低

处于同一种文化里的人都认为自己是正常的。因此，他们必然会认为其文化之外的其他人是不正常的。这往往会使得一个公司的员工贬低另个一公司的文化，认为对方的处事方式没有己方的合理，“他们”是低等的，而“我们”才是高等的。原本司空见惯的冲突就这样升级了，尤其是在主购方管理层处处表现出优越感，将被购方管理层和员工视为二等公民时。此时，被购方管理层和员工便会努力保护自己的工作、领地、尊严和行为方式，形成防御的姿态。

除了焦虑情绪、负面态度以及双方合作水平低之外，文化冲突还会造成许多其他后果，使得整合从未如愿顺利实现，且骨干人才和顶层高管会退出被购公司。客户也会感到沮丧，转而从公司竞争对手那里采购。最终，公司也就无法为股东创造价值。

管理文化冲突

规划阶段

文化冲突管理始于任何一个并购交易达成前的规划阶段。这一早期阶段的分析，意在分析兼并后整合阶段可能出现的挑战，以及为实现协同效应所需付出的努力。在规划阶段，并购交易正处于考量和谈判状态，此时采取哪些行动或不采取哪些行动，都将影响到并购的成功或失败。

在规划阶段，文化差异分析就是找出并评估并购双方的文化差异。为此，分析将基于第六章“文化和文化差异分析”中描述的各个层面展开，涉及研发、营销等不同的部门和职能，其目的在于建立一个数据库和信息流，不仅能用于规划和谈判时期，而且能用于并购协议签署后的兼并后整合时期。

值得注意的是，在许多并购中，主购方有种胜利者和高高在上的心态。这种心态使他们认为其文化以及工作体系和流程优于被购方。如此一来，文化冲突会很快从最初阶段发展成“相互贬低”阶段。

因此，我们需要从文化分析的早期阶段开始，将一种联合性的心态贯穿于整个并购过程。这种心态的核心在于，主购方公司成员对另一公司的态度是评判性的还是联合性的。联合促生合作和友谊，而评判将导致戒备和疏远，这一点应在文化差异的分析中反映出来。文化差异不应仅仅被看做问题，它也是合作共赢的机遇，即实现文化协同并采取最佳文化策略的机遇。当然，我们需要制定良好的互动管理程序，以跨越分歧。联合性的心态和方法能够为两种文化优势互补营造最佳条件，从而赢得被购公司的竞争力。

谈判阶段

在谈判阶段，两种文化相遇。事实上，在此阶段，两家公司的高管们必定要面对文化差异。因此，有必要对文化差异进行挖掘和探讨，包括对各自公司的管理风格和理念进行探讨。首先，此种探讨可突出文化差异的重要性，以及它在兼并后整合时期对于被购目标公司的影响。其次，此种探讨可明确提出规划阶段可能发现的文化问题，并创造适宜的谈判氛围。此外，它可为兼并后整合时期的文化整合创造环境和必要条件。

兼并后整合阶段

这一阶段的目标是使双方尊重彼此的文化。相互尊重能够实现两个目标。一是避免彼此贬低，预防冲突发生；二是使双方相互学习，采取各自文化中最佳的实践方法。

第一步是要让彼此了解文化差异，树立文化差异的意识。可采用多种方法，如高层讲话、阅读材料、开研讨会等，内容涵盖前文提到的不同阶段的文化冲突状况。所有这些方法都应包含公司的历史、员工、产品和体系的介绍。

第二步的目标是辨明各公司的文化构成。规划阶段的文化冲突分析有助于实现这一目标。也可采用集会展示的方法。有关公司的新闻报道、纪念活动、宣传册、影音资料、网站等都有助于介绍公司情况。

最后一步是在相互尊重的基础上，努力提升合作共赢。可通过双方人员协同工作的方式实现这一目标。可以按照职能相似性组成不同的工作组，比如研发、营销、人力资源等。

研讨会能够帮助双方公司管理者和员工了解并明确彼此的文化差异，并最终跨越文化差异。举例来说，研讨会可以这样进行：一开始简短地介绍各自文化的组成、彼此的文化差异，以及文化冲突的境况。随后将各公司的人员分成不同的小组，并分配给每个小组文化分析任务。按要求，各组要先讲述自己公司的文化，然后讲述对方公司的文化，最后就对方公司人员如何看待己方文化表达看法。

研讨会可采用不同的方式开场。比如，每组拿到一个文化的定义，然后按要求分别讲述自己的文化、对方的文化以及对方如何看待己方文化。也可以要求每组成员参照第六章描述的七个层面，对上述问题进行回答。抑或是列出有关决策程序、奖励机制等各类事务处理方式的讨论项目，借此描述各方公司的文化。

通常，在就己方公司文化讨论20～30分钟后，各组便会意识到，要让一方公司的全体成员就具体的文化组成达成一致看法绝非易事。此时，组员会想到，如果他们对自己的文化存有不同见解，那么对方公司的组员同样不会完全准确地理解自己的文化。最终，他们会意识到，双方只有共同工作才能够准确地理解彼此的文化。分组讨论结束后，所有人员聚在一起，总结并展示各组讨论的结果，此时，各组成员便会意识到自己曾抱有哪些错误观点，以及双方进行深层次相互学习的必要性。

此外，研讨会还会使人们意识到，双方必须解决彼此的核心差异，只有这样才能使两家公司成功融合，并顺利完成兼并。研讨会提供了一个具有建设性的平台，使各方得以开诚布公地探讨彼此的差异，并找到一条化解矛盾的建设性道路。

了解了彼此的文化之后，接下来的一天里，两家公司的人员可组成不同团队，共同完成工作任务。他们将朝着同一目标努力合作，以使各组利益达成一致。通过协同工作，各方将学习如何应对彼此间差异。这一过程有助于双方参与人员将注意力集中于整个团队的未来目标，而不是狭隘的局部利益。这一过程还有助于取长补短，最终共同实现目标。可以遵循以下指导原则：

- 为团队或部门制定主要目标。
- 考虑实现这些目标的主要方法。
- 找出有哪些主要的文化因素会推动目标的实现。
- 指出有哪些文化因素会阻碍目标的实现。
- 哪些文化成分对整个团体没有影响？
- 哪些文化因素对任务的实现至关重要？
- 哪些文化差异会造成冲突？

■ 需要采取何种行动以确保重要文化成分得以保留、吸收或去除?

■ 需要采取哪些行动避免文化差异造成的冲突,或使其最小化?

研讨会的任务实际上就是双方公司参与团队实现整合的过程。每个小组可将精力放在其团队的整合上。通过召开此类研讨会,参与人员能够向前一步,组成新的职能单位。该过程可促生合作。尽管他们会遭遇冲突,但是这一学习经历能使他们找到解决冲突的方式。

参考资料

Boston Consulting Group (BCG). (2010). Cross – border post – merger integration: Understanding and overcoming the challenges. Report. www. bcg. com.

第十二章 沟　　通

概述

沟通对于价值创造的意义非同小可，是并购中至关重要的环节。因此，必须系统、认真地对沟通进行管理。

并购常常带有高度不确定性的特点，当各种变化以及模棱两可的状况出现时，更是如此。此外，在并购中，通过知识转移等方式开展的学习过程会存在诸多挑战，对新组织的情况也难以形成统一的看法。然而，出于各种原因，比如因组织文化和国家文化差异而造成的误解，并购有时会缺乏有效沟通。这会致使两公司成员彼此发生冲突，缺乏信任，而管理者又不知需沟通什么或怎样沟通，可能会因此找出各种“借口”，躲避沟通责任。

沟通指的是并购的相关信息如何传向对方——说什么、怎样说、什么时候说、说给谁。在并购中，沟通对于明确工作内容并最终使员工为之全心投入十分重要。沟通的好坏决定了并购是被视为机遇还是威胁。

尽管许多人认为沟通应当在兼并后整合时期展开，并把焦点放在员工层面，但是系统的沟通工作必须贯穿并购的始终，并且所有利益相关方都应受到重视。本章将讨论有效沟通的方案、事宜和方法。

与所有利益相关方的沟通

公司有不同的利益相关方，每一方都应在沟通计划的考虑范围内。同客户、供应商、投资人、金融分析师、工会组织等外部利益相关方，以及员工和管理者等内部利益相关方的沟通都很重要，特别是在未来变化可能会对其造成影响的情况下。

并购发生之前、并购过程中、兼并后整合阶段都应当有沟通。但是，何时开始沟通则并不容易确定。比如，当一面要为避免竞价而保密，一面又想放出消息时，就需在二者之间拿捏好尺度。

应尽早找出各利益相关方想要以及需要了解什么。为此，可分析并购影响到的所有利益相关方以及他们所受的影响。这样便能够将合适的信息及时、恰当地传递给每个利益相关方。利益相关方的参与能够使管理层得到更多的支持，并减少工作阻力。让利益相关方参与进来的目的是：

■ 确切理解他们对并购的态度，并在必要情况下改变他们的态度。

■ 宣传并购交易带来的好处。

■ 推动利益相关方参与企业控制，比如让工会代表承担部分与员工的沟通工作。

■ 在整合规划中，突出前期将会遇到的主要问题以及可能出现的将影响并购进程的变故，比如政府法规的变化。

与外部利益相关方的沟通

与外部利益相关方沟通的方式是通过媒体发布信息。通常，此类信息主要描述并购双方的公司状况和并购动因，其目的是在最大范围内向股东（如果是上市公司的话，还包括潜在股东）通告并购信息。除了采取媒体信息发布这一大范围的公告方式外，还可以通过其他一些方式，更好地进行个性化、面对面的沟通。

在媒体上进行广泛通告可能会将信息传递给非目标群体，如竞争者、员工等。因此，这一方式不仅限制了沟通的内容，而且还需要与其他指向不同目标的沟通方式相互协调。举例来说，如果员工在当地报刊上获取到并购、裁员或重组信息的话，必然不是件好事。

并购涉及上市公司时，要对沟通时机有所限制。要在两者间把握平衡：一方面要将信息同时传递给股票交易所和其他利益相关方，另一方面又要确保利益相关方不会从公众那里抢先获得信息。

就向股东传递信息而言，上市和非上市公司差别很大。如果是后者，公司所有人将参与并购事宜的讨论；如果是前者，则持股比例很低的股东们仅能从官方渠道获得相应信息。此类信息须简短、明晰，并有助于实现并购，它应说明完成整合尚需哪些工作。在并购后期，还应补充有关整合、公司营业地点变化等方面的信息。一定程度上来说，官方信息应为公司开拓市场提供机遇。也就是说，官方信息要正面介绍公司状况和并购项目。此外，它还应正确无误，传递公正的交易理念。不仅如此，官方信息还要与经其他途径传递的信息保持一致。

对客户、供应商和合作伙伴应采用多种沟通方式。对大客户而言，有必要让他们亲自参观公司。鉴于此，公司需要培训销售人员，使他们更好地接待这些客户，并更好地向客户讲解相关情况。此类信息包括并购对客户的影响、拟加入的新联系人、预期会出现的变化等。其表述必须确切，突出对客户的积极影响，如产品种类更丰富、供应商更强健更稳定等。同理，传递给合作伙伴的信息应当是个人性质的、非正式的，可通过公司与合作伙伴之间现有的各种接触渠道传达。就信息内容、主体和发出时间而言，公司各个代表传递的信息应保持一致。在保证信息内容连贯的基础上，信息详细程度可有所不同，这取决于信息获得者，以及信息获得者对所在组织影响程度的不同。供应商不仅是公司的重要合作伙伴，也影响着公司产品和服务的来源和竞争力。这些供应商应当与客户得到同等对待，即信息也应当是个人性质的、非正式的，并通过公司相关代表传递。

对于规模较小的客户和供应商，应当以书面形式发出信息，并在销售会或其他场合由知情人员进行介绍。这些人员要解答他人的问题，并传递有关未来发展方向的信息。销售和采购人员必须要知情，这一点很重要，否则沟通过程中可能会出现谣言或臆断。同样重要的是，要让员工对并购有坚定的信念，这样他们就不会与客户或供应商站到同一边，而是时刻推进并购，并对并购进行积极宣传。

与客户、供应商和合作伙伴的沟通应当贯穿并购的整个过程。它既是前摄性的，又是反应性的，也就是说，不仅要提前告知可能直接或间接针对客户、供应商或合作伙伴的变化，而且要在上述三方提出问题时给予回答。此类问题随时都会出现，所以与客户、供应商和合作伙伴代表接触的人员应当做好随时解答问题的准备。

与外部利益相关方的沟通还包括向管理当局传递所需的并购信息。这类信息应当及时、准确，并按管理当局的标准提供。相比通过媒体公布的信息，在与管理当局沟通时，企业会采用完全不同的方式描述他们的市场，这种例子并不罕见。究其原因，与股东沟通时，将市场份额描述得很大是有利的，然而对管理当局而言，这种描述可能会造成管理当局在评估项目后终止并购交易。管理当局在确定市场状况时，有不同的信息来源，因此这可能导致企业的沟通努力事与愿违。

与内部利益相关方的沟通

与内部利益相关方的沟通，涉及将信息传递给对方公司员工和代表的不同方式。此类信息的沟通出于多方面的考虑，比如减少压力和不安，引入新的工作方法，实现知识转移，以及整合或突出文化和身份等。其目的还包括让公司代表在与其他利益相关方接触时，能够传递对公司及并购的一致性看法，比如中层管理人员与下属沟通时，或销售、采购和营销人员与外方沟通时（随后会有表格、实例详细阐述这一点）。

管理者与员工间的沟通是纵向的，员工之间的沟通则是横向的。沟通发出的每一条信息必须都是准确的，要以第一手信息的方式传递给员工，并能体现出并购的益处。一定频率的非正式沟通大有裨益。管理者做出的这种非正式沟通努力以及合作关系的建立，能够加强员工对并购的积极看法。它能降低不确定性，因为当员工将并购视为负面的体验，或者至少将其视为变换阶段的不确定性体验时，一些负面影响便会随之而来，而上述积极看法能够减少这些负面影响。缺乏此类沟通就会加剧不安，破坏信任。这种沟通必须以诚信为基础，同时应突出并购对组织和个人带来的益处。此外，此类沟通传递的信息还应当凸显两公司的相似性，以便消除员工心中的恐惧。此类信息应与媒体发布的信息保持一致，并始终如一。

为整合而进行的沟通在并购项目揭幕之时就应开始。它应当包括并购发起的原因、协同性目标、整合程度和原因，以及未来并购将创造的价值等方面内容。从并购开始阶段就展开有关整合过程的沟通，不仅是为了减轻不确定性，而且也是为了减少谣言和臆断。人们讨论一些建设性的东西，总比臆想未来好坏或是基于他人臆想而做决定要好。沟通应当是双向的。管理团队需要倾听员工意见，员工也应当是影响重大决策的信息源泉。在沟通策略里，要赋予员工权利，让他们自信地表达意见，这是不容忽视的。积极的沟通氛围包括支持、开放、决策参与、信任、保密、可靠、高绩效目标、全面的信息、语义差异、沟通满意度等特点。

与员工沟通的重点在于减轻不安情绪，这种沟通是前摄性的，因为它消除了疑虑，明确了并购后企业的发展方向，以及并购将给员工带来的切实利益。同时，它也应被视为反应性的。当冲突出现，或企业重组让员工感到自己的职位受到威胁时，管理层和员工就必须要进行沟通。相比前摄性的沟通，这种沟通更需要关注心理层面、触及深层问题，并采用一对一的形式。

并购双方公司的员工之间，应当进行横向性的沟通。此类沟通可采用访问、会议、面对面谈话等不同的形式，以实现知识转移。对于双方间的文化转移，横向和纵向沟通也有着重要意义。此类沟通有助于理解对方文化，从而更易于认可对方的文化。因此，沟通既可以将双方文化融合起来，又可以增强双方对文化差异的意识。沟通可进一步用于转移企业和个人身份，以支撑并最终实现知识转移。沟通不畅会阻碍交流，阻碍这些目标的实现。沟通是改变价值观、标准和期望的第一步。它应当嵌入会议、研讨会等形式的集体活动中，并在基层组织随时开展，而不只限于总部会议等高级别场合。沟通应当是开放的、非正式的，这样才能使人们相互了解，形成统一的价值观念。开放性的沟通会增强信心，让双方公司的人员相互理解。这对于不同部门的整合而言，同样重要。

沟通的其他方面

沟通对并购绩效的影响因国家而异（Weber 等，2012）。不同的文化对沟通有不同的态度。从近距离、直接式的美国式沟通，到含蓄但明确的英国式沟通，再到间接的、常常是暗示性的、“不明确表述”的日本式沟通，各不相同。

美国公司的高管喜欢直呼其名，会将近期任务和远期目标写在公告板上，会在各级召开例会，并发行内部报刊。而日本公司及其英国子公司之间的交流，似乎不是那么随意和开放。法国公司则很少会自我怀疑——他们内部沟通很好，但对被购方公司的高管却仅传递对方非了解不可的信息，有种殖民者的心态。德国公司介于死板的正式沟通和自觉的非正式沟通之间。一项有关沟通与并购整体绩效差异之间关系的实证研究表明，沟通对并购绩效的影响在不同国家有所不同（Weber 等，2012）。比如，加强沟通对日本以及丹麦的并购项目有重要的积极影响，而对德国的主购方则明显有负面影响。

还有其他因素会影响沟通进程。在国际并购中，沟通的方式可能对一方而言会变得略微正式一些，而对另一方则无变化，这是因为并购前双方公司的沟通正式程度有所不同。建议性方案、雇员圈子、交流区、视频宣传以及员工例会等，都是用于员工层面的横向沟通和管理者对员工的纵向沟通的适当方法。基于雇员接收信息的状况，会议召开的频率和沟通的方式可相应调整。

跨国并购中，假如并购双方所在国家使用不同的语言，沟通则还会涉及选定企业官方语言的问题。对于需要调整使用语言的一方来说，引入新的企业官方语言会对整合形成阻力，因此，确定语言整合方案不容忽视。此外，不同文化有不同的沟通风格，或直接，或隐晦，或正式，或不拘礼节。一些关于国际并购的研究描述了不同国家在沟通的正式程度、开放程度以及直接程度上的不同特征（Pitkenthly, R.，Faulkner, D.，Child, J.，2013）。比如，日本公司的沟通仅传达对方必须知道的内容，美国公司的沟通正式但开放，法国公司对沟通予以自上而下的控制，德国公司则倡导自下而上的正式沟通，但对于子公司而言，其正式程度会减弱。

收购技术密集型公司是并购的又一特殊情形。在这种收购中，沟通对于实现知识转移尤为重要。这让人们更加关注沟通在传递隐性和显性知识上的作用。对于显性知识的传递，可通过手册及其他类型的书面材料和正式沟通手段实现。而对于隐性知识的传递，则需要通过面对面的交流、深度沟通和具体行动等方式实现。参观访问和召开会议均有助于实现此类知识的转移。

沟通管理

有效沟通策略和程序的设定包含以下几个重要因素：

■ 确定沟通原则。

■ 使管理信息与股东需求相匹配。

■ 设计沟通方案。

■ 选择有效的沟通媒介。

■ 控制并评估沟通效果，并做出相应调整。

1. 沟通原则

沟通需要在管理层一致同意的指导原则下进行，这类原则可以是：

■ 所传递信息应展示出并购和整合过程的使命、价值观、战略目标和计划。

■ 及时——所有信息必须尽早传递。

■ 关联性——尽管沟通是管理层用于通知或宣传重大事件的途径，但沟通应当关注目标人群。

■ 诚信和平衡——应使利益相关方了解局限性和机遇。研究表明，诚信这一因素不容小觑。沟通传达的信息如果与事实严重不符，将降低领导层的可信度，令人心生沮丧，最终会影响个人表现和整个并购项目的绩效。

■ 一致性——对于重要信息，各种渠道应统一口径。这一点很重要，信息不一致不仅会使一些人曲解所发布的信息，或是产生片面看法，而且会降低人们对信息的信任程度。

2. 使信息与接收者需求相匹配

高管和顾问认为，应当将有关并购后公司的发展前景、并购的战略利益、并购后组织架构和生产线的变化等信息传递给被购方公司。的确，他们的观点是正确的。然而，并购所涉及的大多数管理者和员工，尤其是被购方的管理者和员工，更想获知的是兼并后整合时期各种变化会对他们造成何种影响。对于战略决策和公司发展，他们固然会比较关心，但通常他们更关心的是自己的工作职位变化、裁员的补偿、收入和福利的变化、他们的自主权、如何在新环境中取得成功、职业机遇增减等方面的问题。只有了解了所有关乎自身的信息以及细节之后，他们才能淡定处之。值得注意的是，越快获得这类信息，他们就会越早采取主动为成功并购做出贡献。

3. 沟通计划

沟通计划的核心目标，是确保合适的信息在合适的时间传达给所有利益相关方。缺乏此类计划，高管信息传递不足，会使其他管理者拖延整合进程。如果利益相关方——员工、客户、供应商和投资者——把时间用在担心和猜疑上，自然不会有生产、购买、供应和投资行为。

良好的沟通计划能够打破阻碍改变的路障，确保得到各方的支持。诚然，在并购的不同阶段，沟通会不断演变。比如，初始阶段的目标是增进人们的意识，此时，战略计划会与不同阶段联系起来。

沟通计划应包含以下方面：

■ 所传递信息的目标。这些信息不仅在于解释兼并后的新任务。比如，其目标可以是避免关键人才群体出现不稳定因素，防止并购后人才流失。

■ 各项信息所指向的目标利益相关方。

■ 针对各项信息的最佳人选。比如，某些情况下，首席财务官要比首席执行官更适合与财务分析师进行沟通。

■ 各项信息最适合发布的媒体。

■ 具体信息沟通的时间和频率。

表 12－1 列出了沟通计划的主要组成部分和不同的利益相关方：

表 12－1　　沟通计划的主要组成部分和利益相关方

接收者	原因	内容	方式	发出者	时间和频率
利益相关方	目标	核心信息	媒体	信息传递的责任	时机
高层管理者					
中层管理者					
员工					
股东					
客户					
供应商					
工会组织					
团体					

4. 有效的媒体渠道

见下一节。

5. 沟通成效

在并购的所有阶段，都应当设置和使用双向反馈机制。这种管控体系不仅应着眼于不同利益相关方所做的回应，而且要关注具体的目标、里程碑事件，以及任何偏离原计划的情况。比如，沟通的目标之一就是要减少不稳定性和模棱两可的情况。在沟通的整个过程中，应对这些方面不断地给予评估。

沟通的方法和渠道

从表 12－1 可见，沟通需始终保持一致，目标明确，且持续不断地进行。通常，沟通会采用不同的渠道。合适的沟通渠道可免生烦扰。通过电子邮件、传真甚至是公众媒体的形式进行沟通，可能会使人们对并购或整合产生抵触情绪，或者对领导者及其意图产生怀疑。因此，明智地选择一种沟通渠道和方法非常重要。

总体而言，同一时间将同一信息传递给所有利益相关方这种大范围沟通方式，应当与非正式的、一对一的、适应接收者特定需求的沟通方式区别开来。无论上述何种情况，沟通时信息源都应保持一致，且当新情况出现时，信息应随之进行调整。通知型的沟通也应当与其他类型的沟通（比如转移身份、整合文化、转移知识等）区别开来。对于后者，需从最初阶段就有意识地予以引导，在随后阶段，这类沟通会愈发依赖于那些作为身份、文化或知识转移载体的信息传递方。

对于大范围沟通方式，可通过网页、报刊、新闻媒体和股东大会等渠道发布信息。通常情况下，这些渠道会平行使用，所以沟通计划应当确保无论采用何种渠道，传递的信息都是一致的。这进一步要求营销、财务和高管层等方面实现内部的协调统一，因为他们通常都要为沟通中传递的信息承担责任。

面向重要客户、供应商、合作伙伴和雇员的信息传递，更应当融入到与这些利益相关方的日常交流中去。此类沟通可采用书面文本形式，辅以参观访问、一对一交谈或其他一些非传统型的沟通渠道。非传统渠道包括课程、研讨会、心理咨询等。要为员工创造机会，使他们能够相互交流、提出问题并通过合作项目相互建立信任，这对于解决文化和身份转变的问题日益重要，对于知识转移更是如此。这时，沟通的单位发生了转变，其决定因素变成了管理层引导下相互沟通的各方。知识转移是一种需建立在基层互动基础上的最不正式的沟通行为，对于隐性知识而言，更是如此。另外，此类沟通需要一定的时间，且应因人而异。

参考资料

[1] Pitkenthly, R., Faulkner, D., and Child, J. (2003). Integrating acquisitions. *Advances in Mergers & Acquisitions*, 2, 27 – 57.

[2] Weber, Y., Rachman – Moore, D., and Tarba, S. Y. (2012). Human resource practices during post – merger conflict and merger performance. *International Journal of Cross – Cultural Management*, 12 (1), 73 – 99.

第十三章　整合策略

概述

并购中，如欲通过发掘协同效应来创造价值，则需要整合两家公司的业务甚至是经营设施。该过程涉及两家公司管理者以及员工不同方式的接触，常常会出现文化冲突，而且会使被购方公司管理者对其自主权丧失这一过程产生抵触。本章将探讨整合中的这类挑战。

整合与文化冲突

近些年的管理类文献首要强调的就是并购中两种管理文化的匹配度对于兼并后整合成功与否的重要性。如果两种文化之间存在巨大分歧，并购双方高管层存在矛盾，那么两家公司就难以实现成功整合。

在整合过程中，两家公司相互接触的程度会影响冲突的层级。双方在整合时彼此接触，会因此产生文化冲突，原因在于它们彼此裸露在对方的思想和价值体系面前，相互之间的差异会更加凸显。此时，在整合的高级层面，两家公司高管有必要进行高级别接触。相比之下，主购方管理团队常常更多地将其公司文化特质灌输到被购方管理团队中去。这是因为两家公司高级管理人员相互接触时，文化差异得到凸显，具有支配地位的管理文化会较对方获得更多的主导权，从而使摩擦与冲突升级。值得注意的是，整合时并非总是主购方公司的文化占主导地位。

随着两家公司管理整合程度的加深，双方的接触频率不断提升。在此期间，文化差异越发凸显，忠诚度与合作水平降低，使得冲突进一步加剧。文化冲突、整合程度以及随之而来的人力资源问题会对收购中价值创造的实现产生负面影响。

总体而言，很少有主购方公司给予被购方公司完全的自主权，但如果自主权被过分压制，则被购方公司会越发感到受人控制，容易给整合后的新企业带来更多的冲突。因此，两家公司有时会尽量减少与对方的接触，并给予对方更多的自主权，从而尽可能地避免不相容的问题。当一方管理团队对另一方持积极看法，且双方组织匹配度较高时，他们会心甘情愿放弃其自主权，甚至选择对方的文化。

整合与协同效应发掘之间的权衡

并购后的整合与资源重新分配，对于发掘主、被购公司的协同潜能是必要的。但是，整合过程常常伴随着自主权的丧失，这对收购绩效不利。此外，若要有效地整合目标公司，需要主购方对被购方公司投入大量管理精力，这将分散其对自身核心业务的管理。

在收购高科技公司时，兼并后整合与协同潜能发掘之间的矛盾尤为突出。此类并购往往旨在获取或转移盘根错节的隐性知识型资源。这种类型的知识转移绝非易事（详见第五章“协同潜能及其实现”）。实现此类收购的预期收益，需要高水平的并购后整合。但由于员工流失严重，或组织惯例被打破，此类整合可能最后会导致被购方公司知识型资源遭到破坏。另一个问题是，外部人员很难理解这种盘根错节的隐性知识，使得此类整合难上加难。初始阶段，主购方可能很难获知被购方公司拥有哪些宝贵知识，也不清楚这些知识属于何种类型。结果，主购方管理团队就可能在并购后整合策略上做出效果不佳、有失全面的决定。

在并购实施阶段，自主权似乎是保护被收购的高科技公司技术和能力的重要手段。这一点可表现出不同程度和不同形式。保留被购方公司的宝贵知识是转移该公司技术和能力的重要前提，而且，此类知识越趋于隐性，越是复杂，就越是要给予被购方公司高度自主权，以保护这些知识的社会组织背景不被破坏。

文化差异和整合程度

关于文化差异对成功实现国际并购的影响，学术界并没有统一观点

(Rotting、Reus 和 Tarba, 2013; Weber 和 Tarba, 2013)。而对于国内并购,研究一致表明,企业文化冲突对兼并后整合以及兼并绩效是有害的(Datta, 1991; Lubatkin 等, 1994; Weber, 1996)。然而,尽管一些研究指出,国家文化对成功实现国际并购有负面影响(Datta 和 Puia, 1995),但也有一些研究表明,不同的跨国组合所具有的文化冲突程度各不相同(Very、Lubatkin、Calori 和 Veiga, 1997),国家间文化差异的大小似乎与并购绩效正相关(Morosini 等, 1998)。

对于国家文化与企业文化是如何相互作用的,以及这种交互作用对并购绩效将产生哪些影响,尚且没有清晰的结论。

研究发现(Very、Lubatkin、Calori 和 Veiga, 1997),不确定性规避需求和权利距离(比如,法国与英国主购方相比较)越大,整合程度越高(越趋于集权式管控),但当文化差异与并购绩效正相关时,整合似乎与并购绩效并没有十分重要的关系(Morosini 等, 1998)。另有研究表明,在国际并购中,整合程度高低与主、被购公司高管层的合作水平负相关(Weber 等, 1996)。另有一些研究也值得注意,它们指出,关乎整合程度的是追求并购项目的国家之间的差异,而不是文化差异(Child 等, 2000; Pitkethly、Faulkner 和 Child, 2003)。比如,美国主购方倾向于对子公司进行高程度的整合,日本和德国公司则更愿意采用低程度的整合,法国公司的整合倾向适中。其他一些研究并未发现文化差异与整合程度之间的关联(Datta, 1991; Larson 和 Finkelstein, 1999)。

这些结论表明,无论是国家层面还是企业层面的文化差异,都与整合程度或并购绩效有着不同的关系。然而,这种关系的方向并不清晰,它对并购绩效的具体影响也尚无定论。从文献中可以看出,多数研究调查了对并购绩效至关重要的两个独立变量:一是文化差异——在国内并购中,属于不同企业间的文化差异;在国际并购中,属于不同国家间的文化差异。二是整合程度(Rotting、Reus 和 Tarba, 2013; Weber、Tarba 和 Reichel, 2009)。但这些研究所得结论并不一致,有时还是冲突的,表明这两个重要变量和并购绩效之间的关系是复杂的,因此需要找到一个比现有理论更好的框架,解释上述关系。同时,通过回顾文献,我们还发现了一些重要问题。首先,无论是国与国之间还是不同企业之间,整合程度与文化差异都是相关的,这都可能对并购绩效有影响。其次，我们不确定的是，仅文化差异的程度重要，还是差异程度和差异方向都重要呢？比方说，针对被购方公司，主购方公司所采取的较高程度与较低程度的不确定性规避对并购绩效的影响是一样的吗？再次，既然不同的国家文化会有不同的整合程度，那么，影响整合程度的究竟是哪些文化特征呢？

总之，文化差异范围和整合程度不足以诠释并购绩效。兼并后整合是一个复杂的过程，相比前文所述研究指出的简单的线性关系，我们需要提炼出更好的概念框架。接下来的章节将指出我们需要考虑的其他因素，并针对兼并后整合过程提出一个匹配度的概念。

并购绩效与整合策略

众所周知，通过整合管理决策，以及整合诸如市场营销、仓储、信息技术等部门和职能，双方公司可转移生产能力，降低成本，并实现协同效应。整合能够产生积极的并购绩效。

然而，整合是一个互动且缓慢的过程，在此期间，双方企业的成员必须学会一同工作和相互合作。“营造一种能够促进整合的氛围着实是一项挑战。”（Haspeslagh 和 Jemison，1991）为实现有效的兼并后整合，主购方管理团队通常会介入被购方管理团队的决策过程，并对其施加各种标准、规定和预期。这种意图的整合有可能影响被购方公司管理团队对主购方公司的忠诚与合作。主购方高管层介入被购方管理层的决策，意味着被购方管理团队丧失自主权，这会使被购方对并购产生不安和负面情绪。

整合程度的高低显然需要权衡。高度的整合对于实现高度的协同效应是必要的，但是它也会带来人力资源上的问题，被购方公司的价值可能会因此遭到破坏，成本激增，以至于抵消了收购带来的预期收益。对于该权衡问题，学术界看法不一，因而有关整合（或者说自主权的移除）与并购绩效关系的结论也大相径庭。比如，有些研究指出，整合与并购绩效正相关（Larsson 和 Finkelstein，1999；Weber，1996），而另有一些研究则表明，整合与国内并购（Datta，1991）和国际并购（Morosini 等，1998）之间的联系甚微。还有一些研究指出，在国际并购中，并购绩效与整合（或者说对运营程序的正式管控）负相关（Calori、Lubatkin 和 Very，1994）。有些研究指出，整合程度越高（意味着主购方管理团队通过介入被购方管理团队的决策过程而移除后者的自主权），被购方公司管理骨干离职现象越严重（Lubatkin、Schweiger 和 Weber，1999）。丧失这些高管人员便意味着被购方公司严重丧失了其宝贵资源，其价值也因此缩水。事实上，证据表明，被购方公司高管层离职率越高，主购方公司并购绩效就越低（Hambrick 和 Cannella，1993）。

在本书所建议的框架下，主购方不仅要考虑协同潜能以及因文化差异而造成的实施困难，而且要基于其文化特点和特质考虑选择何种程度的整合，以使他们通过所选择的整合策略实现最大效益。如此一来，主购方公司的管理者便能够在最大程度上做好他们喜欢做并懂得如何去做的事情。因此，主购方公司便能够在实施整合策略的基础上，选择最佳程度的整合。比如，尽管来自不同国家的两个主购方公司可能都选择“吸收”式整合，但基于国家文化不同，他们理想中的“吸收”方式可能不同（比方说是“部分吸收”还是“全部吸收”），其理想的整合程度也不同。每个主购方公司都可选择与众不同的整合程度以实现最佳并购绩效。在本书建议的框架下，每家公司都会考虑各自国家文化的差异和偏好。因此，对一方而言，基于其采用的整合策略（比方说“全部吸收”式整合），它会选择全面整合，而对另一方而言，即便其采用了相同的整合策略（也是“吸收”式整合），但在整合程度上，却可能并没有那么高，而只是部分地整合。

就文化差异和文化维度而言，可以说整合过程涉及的不同文化维度，使得企业成员可以选择性地使用多种文化因素。获取某种文化特征的同时抑制其他文化特征，这使得主购方公司管理层最终确定并寻求实现“理想的文化类型”。这种理想的文化类型本质上反映了主购方期望的整合方式。因此，选择性的文化维度和文化特征能够减少冲突。通过确定并采用所需要的文化特征，被购方管理层将对文化整合给予更多信任，并能够在随后的整合阶段里更多地接受主购方的文化维度。

选择时，整合策略和整合程度都需要考虑在内，因为无论在何种整合策略下，如果整合程度不当——不管是过高还是过低，都会损害并购绩效。在并购时，如能确定理想的并购策略和理想的并购程度，将取得更好的绩效。换言之，在着眼于具体的协同潜能、文化差异和文化维度而采取的整合策略下，主购方公司越是接近理想的整合形式和整合程度，并购绩效就越好。

整合途径选择框架

鉴于上述研究结果和文献回顾，韦伯、塔巴和理查尔（2009）提出了一种整合框架。图 13 -1 显示了不同整合策略的选择情况，这一变量取决于协同潜能、文化差异和具体文化维度（国家的或企业的）。

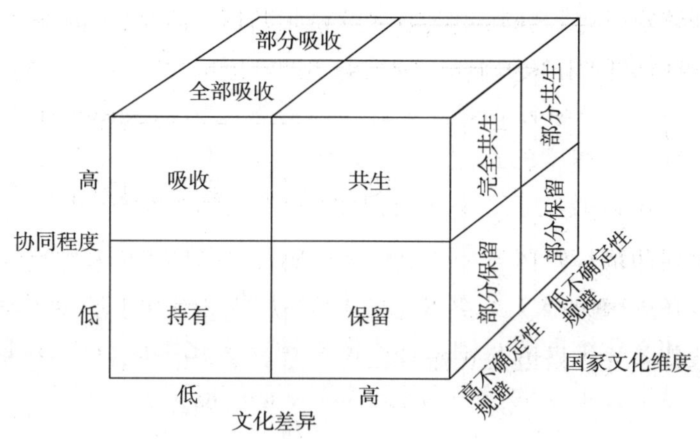

图 13 -1 整合策略、文化差异和国家文化维度

（仅呈现了不确定性规避这一文化维度）

文化差异程度低时，若要实现高协同性，建议采用“吸收”型策略，它要求高度整合，相应地，被购方公司的自主程度最低。文化差异程度高，协同潜能低时，建议采用“保留”型策略，它意味着整合程度最低，因而被购方公司的自主程度最高。“共生”型策略对应的是折中的整合程度，它表示协同性和文化差异性均居于中等水平。

韦伯、理查尔和塔巴（2006）指出，必须在早期持续关注那些建立在维持文化差异基础之上的战略能力。文化差异至关重要，关乎协同潜能的实现，因此，应在选择整合策略时，将它们考虑在内。这正是上文框架所建议的做法，即要将协同潜能和文化差异一并作为决定整合策略的主要考量因素。

该框架指出，霍夫斯塔德的国家文化尺度，以及 GLOBE（全球）文化维度应当作为整合策略的第三个决定因素。文化维度包括国家层面和企业层面，这两方面被广泛使用，似乎对整合和并购绩效产生不同影响。

此外，应着重注意的是，文化距离对称的假设没有实证支撑。按照该假设，英国公司收购法国公司与法国公司收购英国公司，会产生同等的文化距离，因此文化维度在这两种情况下对整合程度和并购绩效产生的影响应当是相同的。然而，没有任何研究能够证明这种对称。事实上，法国主购方公司（高权利距离和高不确定性规避）对被购方公司的战略制定和业务经营会采用更加集权式的正式管控和更高程度的整合，而相比之下，英国主购方公司（低不确定性规避）则倾向于非正式的沟通和合作，正式整合水平较低。所用控制机制的不同与收购绩效紧密关联（Calori 等，1994）。

近期，其他一些研究表明，企业（或者说组织）文化差异和国家文化差异都会影响整合程度的选定（Weber、Tarba 和 Reichel，2009）。研究发现，当英国公司被收购后，来自不同国家的主购方会采用不同的整合程度、控制手段和执行方法（Child 等，2000）。最后，现有证据表明，来自不同国家的管理团队对于涉及外国合作伙伴的并购持不同的态度，因此，在文化差异和文化维度的基础上，不同的国家文化维度对于管理层选择整合策略而言是十分重要的考量因素（Cartwright 和 Price，2003）。这些研究发现，在文化距离之外，主购方公司的企业和国家文化维度，影响着主购方对整合程度的选择，进而影响并购的成败。图 13－1 所示框架能体现出所有这些建议。

那些来自不确定性规避程度高的国家的主购方公司会付出巨大努力避免冲突，更愿意采用正式的程序和工作流程。因此，基于图 13－1 所示框架，相比不确定性规避程度低的主购方所采用的“完全保留”策略，这些不确定性规避高的主购方所应采用的“保留”型整合策略将使被购方管理团队拥有更低的自主权，实现更高的整合程度。因为“保留”型策略的特点是低整合度，所以少量提高整合程度不太可能招致冲突出现。同理，在采用“吸收”型整合策略时，相比不确定性规避程度高的主购方公司（“全部吸收”），不确定性规避程度低的主购方公司可选择较低程度的整合（“部分吸收”）。

总之，在探讨文化对于并购整合的影响时，可以考察并购双方成员将其各自不同文化融入并购后新企业的不同方式。一个重要的选择是，要从不同文化维度中选出那些能够促进整合实施的文化特征，诸如不确定性规避、创新、行动导向等（详见第六章“文化和文化差异分析”）。

参考资料

[1] Calori, R., Lubatkin, M., and Very, P. (1994). Control mechanisms in cross – border acquisitions: An international comparison. *Organization Studies*, 15, 361 – 379.

[2] Cartwright, S. and Price, F. (2003). Managerial preferences in international merger and acquisition partners revisited: How are they influenced? *Advances in Mergers and Acquisitions*, 2, 81 – 95.

[3] Child, J., Faulkner, D., and Pitkethly, R. (2000). Foreign direct investment in the UK 1985 – 1994: The impact on domestic management practice. *Journal of Management Studies*, 37 (1), 141 – 166.

[4] Datta, D. (1991). Organizational fit and acquisition performance: Effects of post – acquisition integration. *Strategic Management Journal*, 12, 281 – 297.

[5] Datta, D. K. and Puia, G. (1995). Cross – border acquisitions: An examination of the influence of relatedness and cultural fit on shareholder value creation in U. S. acquiring firms. *Management International Review*, 35 (4), 337 – 359.

[6] Hambrick, D. C. and Cannella, A. A., Jr. (1993). Relative standing: A framework for under – standing departures of acquired executives. *Academy of Management Journal*, 36 (4), 733 – 762.

[7] Haspeslagh, P. C. and Jemison, D. B. (1991). *Managing acquisitions: Creating value through corporate renewal.* New York: Free Press.

[8] Larsson, R. and Finkelstein, S. (1999). Integrating strategic, organizational, and human resource perspectives on mergers and acquisitions: A case survey of synergy realization. *Organization Science*, 10 (1), 1 – 26.

[9] Lubatkin, M., Calori, R., Very, P., and Veiga, J. (1998). Managing mergers across borders: A two nation exploration of a nationally bound administrative heritage. *Organization Science*, 9 (6), 670 – 684.

[10] Lubatkin, M., Schweiger, D., and Weber, Y. (1999). Top

management turnover in related M&A' s: An additional test of the theory of relative standing. *Journal of Management*, 25 (1), 55 - 73.

[11] Morosini, P., Shane, S., and Singh, H. (1998). National cultural distance and cross - border acquisition performance. *Journal of International Business Studies*, 29 (1), 137 - 158.

[12] Pitkethly, R., Faulkner, D., and Child, J. (2003). Integrating acquisitions. *Advances in Mergers and Acquisitions*, 2, 27 - 57.

[13] Rottig, D., Reus, T., and Tarba, S. Y. (2013). The impact of culture on mergers and acquisitions: 30 years of research. *Advances in Mergers and Acquisitions*, 12, 135 - 173.

[14] Very, P., Lubatkin, M., Calori, R., and Veiga, J. (1997). Relative standing and the performance of recently acquired European firms. *Strategic Management Journal*, 18 (8), 593 - 614.

[15] Weber, Y. (1996). Corporate culture fit and performance in mergers and acquisitions. *Human Relations*, 49 (9), 1181 - 1202.

[16] Weber, Y., Tarba, S. Y., and Reichel, A. (2009). International mergers and acquisitions performance revisited - The role of cultural distance and post - acquisition integration approach implementation. *Advances in Mergers and Acquisitions*, 8, 1 - 18.

[17] Weber, Y., Reichel, A., and Tarba, S. Y. (2006). International mergers and acquisitions performance: Acquirer nationality and integration approaches. *Best Paper Proceedings of Academy of Management.*

[18] Weber, Y., Tarba, S. Y., and Reichel, A. (2011). International mergers and acquisitions performance: Acquirer nationality and integration approaches. *International Studies of Management & Organization*, 41 (3), 9 - 24.

[19] Weber, Y., Shenkar, O., and Raveh, A. (1996). National and corporate culture fit in mergers/acquisitions: An exploratory study. *Management Science*, 42 (8), 1215 - 1227.

[20] Weber, Y. and Tarba, S. Y. (2013). Sociocultural integration in mergers and acquisitions - New perspectives. *Thunderbird International Business*

Review, 55 (4), 327 –331.

[21] Weber, Y. and Schweiger, D. (1992) . Top management culture in mergers and acquisitions: A lesson in anthropology. *The International Journal of Conflict Management*, 3 (4), 285 - 302.

第十四章　人力资本问题与做法

企业高管、员工和顾问的大量精力都放在了并购的财务、法律和运营环节上。但是，经历过并购的高管，尤其是经历过兼并后整合过程的高管，而今意识到，在当今经济状态下，对人力资本变化的管理是并购中价值创造的关键所在。近期一些研究表明，半数以上经验丰富的高管都认为，人力因素是两家公司成功实现并购整合的关键因素。然而，文化冲突再加上不明智的人力资源整合战略，是导致并购高失败率的最普遍原因之一。本章将明确阐述自整合规划至兼并后整合阶段为有效实施并购所应采用的以人为本的系统化策略。此外，人力资源做法能够使参与多项并购的企业获得能力和知识，提升竞争力和绩效。

人力因素

两家企业的整合是互动和渐进的过程，期间双方管理者和员工必须在分享资源和转移资源能力的过程中，学会共事和合作。成功实现整合不仅取决于双方公司管理者以及员工之间的合作，还取决于处理冲突和各种人力资源问题的能力。如前文所述，由于导致冲突的文化差异、沟通问题、员工抵触、高管和优秀人才的流失等方面原因，在兼并后整合时期，实现此类资源的转移和整合并不容易。首先，本章将介绍人力资源做法在兼并后整合时期冲突情景中的作用。其次，本章将提供解决兼并后整合时期各类冲突的工具和策略。

鉴于并购失败率高，从某种程度上来说，人力资本管理似乎是并购各阶段所忽视的问题。在高管们看来，人力因素太“软”而难以管控。相比之下，并购价值和价格，以及运营整合所能节省的成本等“硬性”问题则较易解决。因此，由于人们的关注点通常放在了财务、会计以及制造等相对容易测量的问题上，并购交易达成前，人力资源问题往往被忽视。在并购交易完成前，顶层管理者，包括人力资源经理，没有意识到测量文化差异、预测文化冲突和人力资源挑战方面的可能性。因此，人力资源经理往往被排除在规划和谈判阶段外。有时，人力资源问题的重要性未引起足够重视。结果，对于多数参与并购的顶层管理团队而言，并不存在用于系统管理人力资本问题的框架或模型。

文化差异和整合程度对并购行为的影响

影响并购行为的主要因素包括文化冲突、双方公司的整合程度，以及双方接触的性质（友好性）。整合程度，事实上也就是移除被购方管理者自主权的程度，即便是对于文化相似的两个公司的并购，也会产生影响。

文化冲突对行为的影响

文化冲突的演变和不同阶段会造成各种沟通上的问题，这就加剧了情绪反应，使第十一章“文化冲突管理”中描述的各种冲突升级。并购中，文化差异造成的冲突有以下特点：

■ 当被购方公司的员工与主购方公司的管理者一同工作时，不安、不信任和烦恼主要出现在被购方公司的员工身上。

■ 被购方公司员工对主购方公司本身和管理层均抱有负面态度。

■ 被购方公司员工对与主购方公司的员工和管理层进行合作抱有负面态度。

并购的成败不仅取决于双方的融合能够带来多大程度的协同潜能，而且更要取决于这种协同潜能能否通过有效的整合得以实现。在并购中，实现协同效应是一项艰巨的任务，很大程度上取决于被购方的忠诚与合作。

忠诚指的是为企业付出努力的意愿和保持公司员工身份的渴望。忠诚度受被购方员工对并购后新企业的态度和不安情绪的影响。被购方员工对新企业的不安情绪和负面态度与忠诚度之间的关系可以归纳为：被购方员工对新企业的不安情绪和负面态度越强烈，他们对并购以及成功实现并购的忠诚度越低。

除此之外，被购方员工对与主购方员工展开合作持负面态度会造成不合作的行为。对并购项目的负面态度还会导致被购方公司的不合作行为。最后，事实表明，忠诚度低与主动离职率高相关。因此，文化冲突及其行为影响不仅导致被购方公司员工绩效低下，而且造成关键人才和顶层高管流失。实证研究发现，这将使得并购后的主购方公司绩效低下（Lubatkin 等，1999）。

整合程度产生的行为影响

通过整合营销、仓储等相似的部门和职能，并购各公司能够降低成本，实现协同效应。整合往往需要主购方公司管理层介入被购方公司管理层的决策程序，并将其自身各种标准、规定和期许强加在被购方管理层上。每一项并购的整合程度期望值均不尽相同。期望的整合程度越高，主购方为掌控并协调各种决策和活动而付出的努力就越大，不仅要决定被购方公司发展目标，还要找出解决战略问题的可替代方案，以及做出重要选择。

并购研究的结论表明，两种文化中相互接触的成员越多、单位时间内的接触越频繁，强势文化在弱势文化面前展示其文化特点或将其特点强加于弱势文化之上的能力就越大，进而，导致冲突的可能性也就越大（Weber 和 Drori，2011）。本节认为，在并购中，主购方和被购方文化接触的程度，以及弱势文化被强势文化左右的程度，取决于两公司及其员工的整合程度。

整合程度及其带来的被购方管理层自主权丧失，会波及人们的情绪和态度，影响被购方高管层对主购方管理层的忠诚与合作。这一点有两种表现形式。一种是即便在两家公司文化较为相似的情况下也存在的主要影响。对许多以往独立管理公司运营的高管而言，因并购而强加于他们身上的约束必定会引起抵触。因主购方公司管理层介入被购方公司管理层决策程序而导致的自主权丧失，很可能引发对并购项目的不安和负面态度。

除上述主要影响之外，整合程度还会对文化差异造成交互式影响。整合需要两家公司管理团队在决策程序上相互接触（不必非要直接接触）。由于两团队的理念体系暴露在彼此面前，差异性凸显，这种接触会导致冲突发生。除此之外，在更高程度的整合中，主购方公司会对被购方公司管理层强加更多的理念和价值观，从而使得各种文化差异更加凸显，加剧产生冲突和不安的可能性，降低合作和忠诚度。

如第六章“文化和文化差异分析”所述，并购中，不同的整合策略将促生不同的文化差异影响。吸收型整合策略产生的文化差异影响最为强烈，这种整合策略以高协同性、低文化差异和低自主权为特点。在此之下，两种不同文化完全融为一体。保留型整合策略产生的文化差异影响最小，该策略基本上不会侵犯被购方的利益。

接触的性质

接触的性质，无论是友好的还是恶意的，均取决于并购前高管层选择另一公司作为合作伙伴的自由程度。并购方面的学术研究指出，收购是友好还是恶意的，会对主购方和被购方高管之间的冲突大小产生影响（Gomes、Angwin、Weber 和 Tarba，2013）。比如，谈判的友好程度会影响兼并后整合时期被购方公司高管层的主动性、忠诚度和合作态度。不友好的并购很可能比自愿性的并购引发更多冲突，因为不友好的并购不仅构成直接威胁，而且诱发敌我心态。

即便是在友好的并购中，文化差异也是造成冲突的根源之一。不过，文化差异造成的影响在不友好的并购中更加严重。不友好的并购很可能引起被购方管理层对主购方公司文化的抵触，当被购方管理风格与主购方文化不同时，这一点尤为突出。随之而来的敌对情绪阻碍了以友好方式发掘文化共性和解决文化冲突的步伐，将进一步阻碍并购的整合进程。

并购各阶段的人力资源问题、影响和举措

显然，人力资源和组织架构问题从未引起顶层管理者们应有的重视。通常，人力资源问题发现时为时已晚。比如，在多数并购案例中，尽职调查完成前，人力资源部门从未被征询过意见；而待尽职调查完成后，再由人力资源部门发出人力资源风险和责任的警告就太晚了。然而，有研究指出，在许多国家，人力资源活动有助于财务增长，并且人力资源部门的早期介入和文化差异方面的尽职调查与人力资源政策之间存在相互促进作用。多数并购经验丰富的高管都曾指出，“人”的问题在未来将比以往更加重要。表 14 – 1 列出了人力资源活动在并购各阶段的重要性。

表 14-1　　并购各阶段人力资源的重要性

各种活动中的人力资源问题	规划阶段	谈判阶段	实施阶段兼并后整合时期
文化差异	V V V	V V	V V V
沟通	V V		V V V
高管团队	V V		
过渡期管理架构			V V V
人员配备、保留与选择	V	V	V V V
组织架构			V V V
薪酬和奖励体系	V	V	V V V
退休和福利	V	V	V V V
培训和学习			V V V

学者和顾问（Weber 和 Tarba，2010、2012）将并购中人力资源部门视为以下角色：战略合作者——战略性地思考人力资源问题，管理专家——管理组织架构和政策，员工领袖——领导、激励、留住骨干人才并处理其他相关事宜，以及变革的中间人——文化整合，处理冲突。这些角色相互关联，下文将依照不同的并购阶段分别讨论。

规划阶段

人力资源部门早期的主要角色是战略合作者，通过使用文化差异分析、骨干人才和高管评定等方式，推进筛选程序，帮助选择合适的目标公司。文化评估包括辨明并购双方的所有文化维度和文化特点（详见第六章）。选择过程同样要考虑劳资关系的问题。在一些国际并购中，鉴于处理与工会和员工关系方面可能存在的困难，劳资关系问题对于某些目标公司而言可能是并购失败的致命因素。

尽职调查过程中，人力资源经理还会扮演员工领袖和变革中间人的角色，他们必须搜集被购目标公司文化、奖励、评价、培训、福利以及其他许多方面的数据。他们必须考虑可能出现整合问题的一系列领域。人力资源经理需要考虑的事宜还包括退休员工医疗保险和辞退金方面的潜在责任。同样，他们需要调查并购后每个员工和管理者的企业忠诚度，比如空降而来的高管。在国际并购中，或是并购双方跨越不同的行业时，人力资源部门必须要核实竞争性人才市场、直接补偿和激励性补偿的恰当融合、能够加强公司战略和文化的各项奖励、影响奖励的绩效指标等各方面事宜。

在规划阶段，并购双方的管理者和员工会面临许多不确定性，致使他们紧张不安，从而产生较高的缺勤率、病假、生产力下降，以及对并购双方企业的忠诚度下降等问题。通常，这是因为员工往往能够从小道消息或报纸上得知其公司正在考虑并购的情况。这是员工搜寻信息的时期，然而不幸的是，这也是沟通严重受限的时期。因此，大多传递错误信息的谣言便会满天飞，引起员工不必要的焦虑和担忧。这时，人力资源经理不仅是员工的领袖，也是变革的中间人，必须制定沟通计划，以明确沟通理念、媒介、传达信息的类型和受众（详见第十二章“沟通”）。

签署意向书后，并购进入更加紧张的阶段，主购方公司将成立高管团队（见第十三章“整合策略”），指导并购进程。此时，人力资源部门成为管理专家，辅助组建过渡和整合团队，并选出公司领导和管理者，使其加入该团队。人力资源部门将明确新领导的职能和组织架构。很多情况下，尤其是主购方支付高额溢价的并购中，高管希望立即完成整合，以便快速实现绩效增长。此时，人力资源部门则有助于公司保持符合实际的变革速度。

谈判阶段

人力资源部门在规划阶段提出的问题、搜集的数据、做出的评估都可以用在谈判阶段，以确定价格和合同条款。此外，谈判阶段不仅需要搜集更多的数据，还需要对规划阶段得出的认识和评估进行确认。

在谈判阶段，人力资源经理同时扮演着战略合作者、员工领袖和变革中间人的角色。人力资源部门将提供谈判方面的培训方案，帮助高管提高谈判技能，这一点对于那些通过并购而不断成长的公司尤为如此。人力资源经理的工作包括给谈判小组的每个成员一份文化问题的清单，让各成员依照该清单，亲自与对方公司谈判小组的成员进行沟通，一一解决问题。谈判结束后，各小组成员将填写包含第六章所述文化事项和维度的问卷。人力资源部门将问卷结果进行总结，并分发给谈判小组的每个成员，以便在将来的谈判中加以利用，从而推动谈判进程，取得最佳谈判结果。比如，这些数据和评估可用以创造“好感”（详见第八章“目标选择和谈判过程”），推动实现双赢，或为谈判小组补充能够更好地与对方谈判小组进行沟通的人选等。此外，文化差异评估可以用于预测整合阶段出现的问题和挑战。它有助于评估成本、实现协同效应的时间、实现某些预期的协同效应时所面临的不确定性，等等。

所有这些信息都有助于压低谈判价格，且可与之前的分析结果共同用于整合过程的实施阶段。

信任的建立始于谈判阶段，人力资源经理必须为谈判团队提供建立并维持信任的工具。这毫无疑问将涉及评估文化差异、确定合理行为，以及清楚地传递构建信任的信息等方面。

一些在规划阶段就已经涉及的事项在谈判阶段同样重要。比如，如果兼并的重要目标之一，是转移多数情况下根植于员工和团队中的知识，则留住骨干人才和高管便是非常重要的问题。如前面的章节所述，影响并购后骨干人才离职的两个主要因素是文化差异水平和整合程度。首先，一些并购协议会约定以保留高管和骨干人才为一项支付条件。比如，如果并购后全部或某一比例的重要人员继续任职一年或一年以上，那么某一比例的支付款就会转移给目标公司所有人。其次，人力资源经理作为管理专家，将制定尽可能保持自主权的组织架构，并提出同骨干人才和高管沟通的建议，以使他们在并购后尽可能长时间留任，满足企业的需求。

实施阶段

在实施阶段，高管将面临的最大挑战，或许就是如何管理将两个公司整合为一个公司这一过渡期了。在兼并后整合时期，各种不同文化和理念、组织架构、体系，以及工作流程会同时出现。这就要求制定一套规划和流程，并做出抉择，以使这些差异相互融合，从而实现协同潜能。如果没有系统的计划，没有给予足够的重视，并购双方间的冲突很可能最终会阻碍协同潜能的实现。因此，必须有计划地建立过渡期的架构和整合策略（详见第十三章“整合策略”）。此外，还必须进行培训和沟通，以促进整合后双方高管和员工相互了解，共同解决问题。

在该阶段，主要由人力资源部门来处理文化冲突和矛盾、人员行为评估和控制（尤其是被购目标公司人员行为，包括公开的冲突性行为、健康问题、缺勤、离职等）、管理过渡期架构的创设、人员配备、人力资源整合、沟通、领导力和信任等各方面的事宜。

兼并后整合时期，人力资源部门面临的另一项挑战是，如何整合双方的人力资源政策和体系。这一点尤为重要，因为它直接影响到所有员工，如果出现变化，可能引发强烈的反应，当这些变化未尽如人意时，更是如此。

很多并购需要裁员。首先，做出裁员的决定非常重要。其次，裁员方式必须确定。很多人认为管理层应当首先通过提前退休刺激政策、诱人的离职补偿等主动离职方案，或者是通过企业内部或外部裁员服务、员工再培训、岗位调动等方式，缓和裁员过程。然而，这些策略对于那些要离职和留任的员工都会产生影响。留任的员工会观察离职的员工是以何种方式离开公司的。这给那些留任的员工传递了清晰的讯号，让他们预见到未来会得到什么，也了解到了公司的真实文化。

在奖励、培训、升职，以及员工个人关心的其他事宜上，公司的处理方式如何，关系到员工是否觉得公司公平、公正，这会对兼并后整合的成败产生重要影响。那些认为自己受到公平对待和尊重的员工，更倾向于表现出高度的忠诚和企业归属行为。这意味着，这些员工在工作上付出的努力会高于劳动合同的要求。

在整合过程中，转移一些管理者和员工是不可避免的，因为并购双方公司通常位于不同地区。被选出执行海外工作的管理者们，必须乐于接受新的体验，具有文化敏感度和语言技能，并能很好地适应所在国的规范模式和社会规则，这一点非常重要。耐心、善沟通、富有同情心、对人和事较少指手画脚等个人品格也是非常宝贵的。补贴生活费用、负担房贷等支持性政策，可以有效激励这些管理者跨地区工作。

跨文化意识培训、压力管理培训、职业咨询，以及小组会议等项目，能够帮助员工应对变革。例如，要想让管理者准备好与那些可能会存在愤怒、不安和抵触情绪或者不认同新文化的员工进行沟通，就有必要对其进行沟通和跨文化方面的培训。同理，员工再培训项目能够帮助员工掌握新的工作技能。关于冲突解决和团队建设的培训能够帮助管理者和员工适应新的工作状况。

人力资源做法

如果一家公司相对于其竞争者能更好地将人力资源做法作为其竞争优势的源泉，它便会雇佣那些能够有效提升公司竞争力的人。可以说，无论是在主要价值链上还是在辅助活动上，得力的员工都能创造企业优势。除此之外，良好的人力资源策略和得力的员工能够更好地实现知识和资源的转移，并生成整合能力。人力资源管理战略指的是建立那些能够在主购方和被购方人力资本中嵌入以知识、技能和能力为形式的公司独有资产的人力资源政策。具体的人力资源做法包括：对员工在整合时期处理冲突和接受新工作任务的能力进行培训，以沟通的方式解决人力资源上的压力和不确定性，以及为适应新的工作环境调整其他做法（如招聘、奖励和劳资关系），等等。这些做法表明公司所采取的策略有利于生成整合能力。我们认为，这些人力资源做法及其结果标志着公司已成功地在人力资源方面创造了有价值的资产，这种资产有助于并购双方公司实现整合，并改善财务状况。

就何种人力资源做法对改善公司绩效最为重要，并没有一致结论。根据诸多相关研究，最常见的人力资源做法是培训、沟通和信息分享，以及让员工参与决策和拥有自主权（Weber、Rachman - Moore 和 Tarba，2012）。

培训

训练和培养对于并购中跨文化管理至关重要。管理者和员工需要接受培训，以应对导致人力资源问题的各种冲突。他们还需要达到并购后新职位的工作要求，填补并购后离职的员工岗位，并适应新的工作流程。研究发现，并购过程中采用的培训项目能够促进知识转移（Weber、Rachman - Moore 和 Tarba，2012）。学者们得出这样的结论：有效的培训体系是保障员工获得必要的工作技能并为公司的成功做出贡献的重要机制。

为培养整合能力，并购双方公司的员工必须相互了解，知晓对方的资产、人员、架构、文化、人力资源做法、他们自身和对方员工在转移和协调两公司具体资源上所发挥的作用，以及整合过程中可转移的事物。除此之外，培训内容包括一般性的并购知识和针对当前并购的具体知识，在并购中具体涉及的文化差异问题，文化差异对人力资源的影响，对员工抵触情绪采取的措施，兼并后整合时期冲突处理等方面的内容。培训有助于员工以手册和数据库等不同的方式汲取知识，有助于企业形成能鼓励员工使用所获知识的程序和常规做法。因此，培训对于整合成效的重要意义不容忽视。

当然，并购中的培训属于双方公司常规培训需求之外的项目，需要额外的费用（交通、为外部人员支付的费用、时间等）。兼并中，各公司员工的知识和经验（人力资本）是创造新的工作方法并改善现有工作方法的关键因素。除此之外，培训鼓励管理者和员工找寻新的方式和策略，以识别并购中对方公司新知识的存在、位置和意义。无论尽职调查多么深入，在兼并后时期，都有必要继续进行培训，以使员工知晓存在哪些始料未及的问题和冲突，以及如何应对新挑战。大多数情况下，此类培训投入不仅会提升管理者和员工的专业技能，而且有助于生成整合能力。

参考资料

[1] Lubatkin, M., Schweiger, D., and Weber, Y. (1999). Top management turnover in related M&A's: An additional test of the theory of relative standing. Journal of Management, 25 (1), 55 - 73.

[2] Gomes, E., Angwin, D., Weber, Y., and Tarba, S. Y. (2013). Critical success factors through the mergers and acquisitions process: Revealing pre – and post – M&A connections for improved performance. Thunderbird International Business Review, 55 (1), 13 – 35.

[3] Weber, Y. and Tarba, S. Y. (2012). Cross – cultural analysis at mergers and acquisitions stages. OD Practitioner (Special Issue on Organizational Developments's Role in Improving Mergers and Acquisitions), 44 (3), 37 – 43.

[4] Weber, Y. and Tarba, S. Y. (2010). Human resource practices and performance of mergers and acquisitions in Israel. Human Resource Management Review, 20, 203 – 211.

[5] Weber, Y., Rachman – Moore, D., and Tarba, S. Y. (2012). Human resource practices during post – merger conflict and merger performance. International Journal of Cross – Cultural Management, 12 (1), 73 – 99.

[6] Weber, Y. and Drori, I. (2011). Integrating organizational and human behavior perspectives on mergers and acquisitions: Looking inside the black box. International Studies of Management & Organization, 41 (3), 76 – 95.

第十五章　并购中的领导力

概述

综观并购方面的研究，领导力问题似乎排在学术探讨与实践观念的末端（Gomes、Angwin、Weber 和 Tarba，2013）。多数探讨并购成败因素的案例分析中，可明显地看出，领导力问题仅被一句带过，多数情况下都是被忽视的。三十年以来，战略管理学科日益关注顶层高管的角色及其制定战略的努力，但对领导力的问题只偶尔提及。并购研究（Gomes、Angwin、Weber 和 Tarba，2013）没有系统地考察领导力的组成变量，且只是零散地提及领导力问题。因此，当今研究（Gomes、Weber、Brown 和 Tarba，2011）表明，领导力对并购过程及其成败至关重要，但对领导力的研究似乎只是承认了领导力因素显而易见的重要性，却没有在实质上解决领导力问题。近些年，针对领导力的作用与影响以及并购中信任问题的研究（Waldman 和 Javidan，2009；Vasilaki，2011）有了新的发现。本章旨在填补这项空白，阐述领导力的角色、技能、挑战，以及成功实现并购需采取的必要措施。

并购中的领导力挑战

并购各个阶段需应对许多挑战。以下几点可供参考：

■ 有清晰的并购战略依据。

■ 确保所有利益攸关方清楚了解并购交易的原因和依据，包括并购的战略匹配度和优势。

■ 确保支持该并购的利益攸关方拥护并购项目，并致力于并购的长期成功。

■ 管理并购双方的接触事宜，尤其是管理两个不同的国家和企业文化相互接触产生的影响。

■ 赢得人们的支持。

■ 在并购双方公司员工之间建立全面信任。

■ 管理整合过程，实现各项并购战略目标。

并购中的领导角色和技能

尽管你可以同时胜任领导者和管理者这两种角色，但领导力与管理截然不同。并购中，领导者的角色与传统的管理者角色迥然不同。领导者需要良好的战略思考和远见卓识的能力，并能够迅速、清晰地向全公司传达整合进程计划。

并购中的领导力不仅涉及并购双方公司的管理，而且涵盖双方之间的相互接触，包括两种文化的相互接触。管理不同文化的接触是最大的挑战。这需要团队领导与合作技能，良好的规划能力，获得信任的能力，此外，管理者和员工还需要主动克服困难并适应企业发展和个人未来事业所面临的变化和不确定因素。

并购中领导力的一项重要角色就是执行兼并后整合程序。这一工作内容包括选择整合管理者，组建指导兼并后整合的高管团队，积极改变领导风格，处理并购双方公司员工之间的冲突，协调所有与整合相关的活动，以及其他诸多事宜。

整合过程中需实现的目标包括：

■ 让组织做好并购的准备。

■ 找出整合完成前所有未尽事宜。

■ 顺利整合，实现协同效应。

■ 重建企业，使其成为可实现各项财务战略目标的实体。

■ 以实现并购双方知识转移所必需的共同价值观念为基础，建立统一的文化。

■ 在并购双方之间转移最佳做法和重要知识。

■ 克服所有因文化冲击与变革管理而产生的挑战。

通常，实现这些目标需进行以下活动：

- 领导者向员工传达其对新企业的愿景。
- 对整合结束前未完成的所有计划与分析活动进行收尾。
- 组建指导兼并后整合的团队。
- 实现文化整合。
- 吸收新管理者与员工。
- 确立沟通策略。
- 规划岗位配备和企业架构。
- 确保人力资本的整合。

领导力团队

如前文所述，组建有效的团队，以管理兼并后整合过程是一项最具挑战性的任务。要将从某项收购中获得的知识转移到下一项收购中去，既需要某些领导者继续留任，又需要组建专门处理收购及整合事宜的团队，这一点在第二章和第三章已有阐述。

例如，丰田公司通过收购、合并不同的经销商，将该国多家销售企业整合在一起。在此期间，丰田公司组建了一个专门团队，负责与全国销售代表沟通协作，以收集和交流来自各项收购的知识。许多公司，比如瑞典 A 公司，还可能会建立独立的专门处理收购事宜的公司。这些公司，或者与 A 公司领导层进行沟通协作的管理代表，需要确保领导层也能获知这些知识，这将有助于他们未来的并购工作。

领导团队必须有一定规模，从而使团队的不同成员都能贡献自身独特的专业知识，而不是宽泛的普及性知识。整合不同企业绝不是一项简单任务，因此，参与人员越多，解决并探讨冲突就越容易。但是，如果领导者过多，可能不会增加产出，反而会加剧问题的复杂性。所以，尽管领导团队需要有一定规模，但“度”的问题必须把握好，以使团队中各成员都能做出实际贡献。这便引出了另一个重要问题：如何将管理团队整合在一起？

人们期望具备不同经验、教育背景和任职年限的工作者都能为并购做出积极贡献。团队成员多元化有利于他们理解不同问题，也意味着他们对被购目标公司的状况有更全面的了解。然而，无论构建何种团队，个体成员多元化程度都不能过高，因为过度多元化将阻碍团队成员间的沟通。团队内部应当有一定程度的知识重合，以便成员之间能有效沟通。总之，领导团队要有一定的规模，团队成员知识重合性要达到最佳程度，并且各成员又要具备不同的能力。领导团队的规模归根结底与任务的复杂程度有关。收购越复杂（跨越不同的国家，并购双方公司规模大，跨越不同的行业，整合程度高等），团队规模就应当更大。

领导力技能

领导力技能的重要组成部分包括团队作业管理能力，团队协作技能以及激励管理者和员工的能力。有了这些，领导者便可指导员工未来的活动。这不仅需要双方公司在实际工作上实现整合，也需要双方员工在交往上实现整合。并购双方员工之间需要建立信任，包括对领导者、对方公司员工，以及整个并购过程的信任。要完成这些工作，沟通十分重要。沟通的重要性同样体现在向员工传达信息，并在员工和中层管理者间创造互动空间上。因此，领导者需要指导中层管理者去正确传达和落实其提出的计划。沟通对于统一各方意见也十分重要。对于建立信任，使员工主动适应变化，并对企业未来发展形成统一思想，沟通同样十分重要。因此，整合要加强并购双方员工对企业的忠诚度，要将企业目标和价值观内化到员工心中，以使之不仅在公司层面实现融合，而且还能在员工中得到广泛传播和深入理解。

兼并后整合时期尤其需要个人魅力型领导力。个人魅力型领导力要求领导者具有高瞻远瞩的能力。个人魅力型领导风格能够进一步将领导者的愿景传递到员工中去，并使员工对未来发展充满信心。它不仅有助于实现宏观上的整合，而且能使双方公司的员工相互融合。个人魅力型领导力可以说是个人性格特点和交际技能，是一个领导者基于自身优点和兴趣而具备的领导风格，或者是基于交际活动推动实现企业变革的能力。领导者需有能力构建未来愿景，并使企业依照其愿景运作（即忠诚于这一愿景），这需要的正是领导者的个人魅力和交际技能。个人型领导力会使整合采取“吸收型”策略，给企业带来压力。因此需要交际型领导力来营造合作氛围，使人们都能忠诚于并购后的新企业。接下来的章节将更具体地阐述变革型领导力。

不同的领导力特质决定了领导力如何影响变革进程。斯金和帕布罗（2004）提出了一个可适用于收购前期和后期各阶段的六维一体领导力模型。这一模型展示了各项领导力特质的影响。“启发型领导力”指的是领导者努力实现挑战性目标，并激发下属热情。它通过提升员工的期望、激情和自信，促使员工追求卓越。这种领导力特质在公司合并中会产生重要的影响，因为它决定着并购后新成立公司的发展方向。“情境型领导力”是指领导者创造使管理者和员工集中精力、更有效工作的各种条件。在兼并后阶段，具备这一能力的领导者是团队首要的建设者，能够创建必要的公司架构、流程和文化。例如，该领导者重新设计规章制度、发展目标、工作程序、企业政策和措施，以规划未来发展，帮助企业成员看清前方道路。这一领导力特质还意味着，需要遵循新企业发展战略和新企业文化来创造有利于成功的条件。

“个人型领导力”使员工忠于领导，将领导者视为企业成员的典范。这种领导特质在帮助并购后新企业适应新的实际状况时，能够产生强大力量。“关系型领导力”指的是领导者能够在企业中与个体员工结成强有力的纽带，使员工产生信任感和公平意识。整合过程包含一个过渡阶段，在这一阶段中，员工应为获取转移来的新知识和能力做好准备，因此这种领导力特质极其重要，有助于营造一种促进相互理解的氛围，使员工愿意为新企业的组织构建贡献力量。

“支持型领导力”指的是让企业成员意识到紧迫的企业问题和挑战，并使他们有足够的安全感去采取适当的修正措施。在变革期间，人们会经历不同的阶段，包括抵触、认可、接纳。企业成员处理风险及相关焦虑的能力，取决于他们的信心和对机遇的渴望。并购过程中，支持型领导力可增强企业成员的接纳度，提升他们的个人能力、信心和集体观念，从而使企业成员有足够的安全感去承担风险。最后，“管家型领导力”指领导者扮演起管家的角色，尊重并保护深深扎根于企业中的各种价值观。在整合过程中，领导者既要主导整合工作，又要把握好平衡，以保证前文所述的各种领导力特质一方面彼此结合，另一方面能针对具体情况发挥特有作用。

变革型领导力

“变革型领导力”是广义领导力和并购领导力方面的一个新兴概念。这是一种鼓励和激发其他人进行改变的能力。它指的是，领导者有能力为兼并和联合构建一个美好的愿景，鼓励员工和管理者实现联合目标，促使下属创造性地找出解决方案，处理整合过程中可能出现的问题。例如，为转移联合企业间的能力和知识，领导者需要营造恰当的氛围，以推动双方企业间、不同文化间的相互理解，并达成合作的共同意愿。

变革型领导力包括激发动力、给予员工关切以及激励员工行为。思想上的激励是其中最重要的一个方面。它关乎企业文化如何被领导者传递，以及企业其他成员如何适应这一文化。此类领导者非常清楚整合后企业未来发展方向，并以企业利益而非自身利益为导向。对于企业各成员而言，他们认同这一领导者，同时将其视为典范。变革型领导力与企业成员如何适应新情况并为实现整体目标做贡献紧密相关。因此，它意味着这种领导风格不是直接性的，而是远见性和潜移默化性的。变革型领导力还包括明确目标以及营造创造性的组织氛围。这种组织氛围指的是个体成员活动的背景，是以企业实际状况为导向的，而非以暗藏的价值观为导向。丹斯顿（2008）描述了一种领导力技能，即营造使企业员工更具创造性和灵活性的组织氛围，同时让员工始终不偏离整体方向。开放的氛围能够使员工自身形成对新环境的独特理解，从而接受新的环境，而不是带着成见看待周遭，与此同时，他们对企业总的发展方向又始终清晰明确。这进而创造了一种文化，使人们对变革持开放性的态度，并不断适应新情况，不断学习。员工信任企业和企业的发展方向，意味着他们能够自由地表述观点，更具有创造性，这对于并购后的新企业是大有裨益的。并购后，员工普遍存在焦虑感，因此，能够减少员工焦虑的领导方式对于该企业及并购成效都是非常宝贵的。这意味着员工将有一个清晰的认识，并且能够对并购持积极态度。不满意的员工可以离开公司，彻底背离公司的整体发展方向和意图。如果他们对未来有疑虑，或者感觉未来企业的发展与自身的职业目标不相匹配，甚至是截然相反，那么他们工作的整体成效就会降低。

变革型领导力产生的影响包括使员工接受并购、提升绩效，并增强工作满意度。无论在短期还是长期，这几点对于并购的成功都是非常重要的。对于短期并购目标而言，让员工忠于并购并贯彻执行非常重要。保持公司运营不间断同样很重要，因为并购会在很大程度上打乱公司的运营，竞争者可能会乘虚而入，在销售领域更是如此。长远来看，并购后，关键的是要让员工继续在公司工作，因为他们是公司宝贵知识的根基所在，并且知晓业务运作的惯例和方法。此外，员工维系着与客户、供应商等外部利益相关方的联络。若要保住员工，很重要的一点是让他们对工作感到满意，还应当使他们忠于收购项目，从而依照公司所有人和管理者的规划行事。变革型领导力涵盖营造创新型工作氛围的能力。这种氛围促进企业升级，也就意味着工作人员理应对自己的工作更加满意，因为他们能够在各自的工作岗位上继续提升自己，为公司贡献价值，并且能够更加开放地对待新整合而成的公司。

丰田收购瑞典叉车制造商 BT 工业公司后，在很长一段时间里，被购方 BT 公司一直都是拥有自主权的业务单元。在随后的兼并后整合时期，丰田公司给予 BT 公司很大的自由度。在丰田营造的组织氛围下，员工能够建立自己的工作空间，并使企业适应当地状况。该整合很大程度上依赖当地的员工，因为丰田在一开始就明确了各项整合目标，并将这些目标传达给当地员工和管理者。

瓦斯拉基（2011）描述了变革型领导力与不同程度的整合之间的关系。无论何种程度的整合，变革型领导力都是必不可少的，但其发挥作用的方式不尽相同。对于将要整合的公司而言，理念上的影响需发挥更加显著的作用，但同时，无论何种程度的整合，对员工个人的关切也都是极其重要的。在变革型领导力下，或是要向员工保证一切都不会改变，工作将一如既往，或是要改变员工的价值观，使员工接受变革。

丹斯顿（2008）提到了企业在不同整合阶段的不同氛围，并指出在控制与开放氛围之间，存在动态的平衡。整合初期，员工的不安情绪十分严重。这时，领导者必须澄清公司发展的愿景，使员工对整合充满热情。此时，对员工加以观念上的影响远比控制他们重要。待整合开始后，那些之前设想到的各种“真正”问题便会出现，亟待解决。领导者此时需要提高控制程度，排除员工疑虑，让企业尽可能顺利地渡过这一关键时期，并竭尽所能减少内部或外部的干扰。因此，相比最初阶段，此时的管控程度应更高。在这一时期，澄清目标、明确分工、激发员工动力和激情同样重要。因此，领导者此时要加强领导，但这并不意味着其行为可无视员工感受。工作目标、沟通内容以及实现目标的操作方法均需澄清，这些都不容忽视。当员工适应新的工作角色后，领导力风格应当重新回到营造开放性的组织氛围上来。领导者应当做好协调和监控，但不应当直接介入运营层面的事宜。整合完成后，会出现一定程度的后续影响，这可能是由于领导者未能使员工真正忠于整合和并购后的新企业。这种情况大多可以通过妥善处理员工问题来避免，但倘若此类事情真的出现，领导者则应当正确利用其领导力特质，抓住这些问题，增强沟通，倾听员工心声，这一点非常重要。

统一文化

对于被购方员工而言，运营层面的任何变化都不是一件轻松的事。而当企业文化转变时，员工会逐渐意识到组织生活、绩效衡量方式、工作流程和程序，以及忠诚度都突然有了变化。这对于长久以来广为接受的企业价值观和信念是一种威胁，将导致文化冲击、身份丧失以及信任程度降低等问题。

因此，企业领导者时常在改变被购方公司发展方向及其相关文化时，遭遇强烈的抵触，这种情况并不少见。将一个公司的文化转变成另一种价值观体系，关系到身份的转变，这也许是并购和联合过程中，管理者遇到的最大难题（Weber 和 Drori，2011）。因此，一些企业高管们面临的问题是：良好的公共关系显然不足以应对被购方公司管理层和员工对变革的抵触。

一方面，并购绩效不佳的原因之一是整合阶段缺少领导。另一方面，近期一些研究成果印证了这样的观点：各类领导力特质能够加强兼并后整合的成效，并能缓和文化冲突对并购绩效的负面影响（Vasilaki，2011）。通过创造、改变、整合并体现文化表征，领导力能够加速兼并后整合时期的进程（Bligh，2006）。此外，领导者可向员工描绘愿景，对其进行激励，并创造一种架构和文化，以促进对双方整合十分重要的积极行为。比如，研究发现，如能明确目标并支持创造性思维，将有助于改善并购中的工作绩效和工作满意度（Nemanich 和 Keller，2007）。

并购双方文化上的统一，意味着一方的价值观会转移到另一方，或者是基于并购双方原有的不同文化而形成一种新文化，抑或是在原有基础上增加新的价值观。如果两公司想要以平等条件整合，而不是一方凌驾于另一方之上，那么文化统一问题就至关重要了。这意味着，新形成的文化需要建立在整合后新企业的未来发展愿景和两公司各自投入的基础之上。

组织氛围关注的是企业的运作，而文化则关注企业的价值观。企业文化以及氛围都与领导风格密切相关。领导者既可能会促成、也可能会阻碍员工接纳变革。从允许员工塑造自身理念的变革型领导力上来看，实现文化变革同样重要。相比建立在权力之上的强势领导，支持型领导力对于实现员工层面的文化变革尤为重要。在文化统一过程中，交际型领导力也很重要，因为它会促使各相关方开展协作、形成共同愿景，并为整合付出真正的努力。

然而，文化变革和工作方向的改变会对不同的员工产生不同的影响。这不仅关系到员工的焦虑度，而且关系到他们实际受到整合影响的程度。在单一方向的文化整合或单一方向的公司整合中，最感到焦虑的是需要进行变革的被购方公司及其员工。比如说，芬兰 BasWare 公司收购瑞典 Momentum Doc 公司后，经历变革最多的是后者的员工。整合后，该公司员工感到自身低人一等，有些员工心存抵触行为，甚至离职。

文化型领导力的重要特点包括整合前的文化差异识别，实际运营层面的整合工作，在兼并后整合时期与员工合作，提出切合实际的工作期望，转移员工个体价值观，等等。布莱（2006）将文化型领导力作用归纳为以下三个方面：（1）创造。识别历史性的文化差异，提供文化摒弃或革新的出路，针对机遇与挑战做出切合实际的预期。（2）改变。强调寻求变革的意识形态，为变革进程不断提供动力，利用日常工作中的文化象征意义，将自身塑造为忠于变革进程的典范。（3）整合。积极组建跨越原有成员结构的新团队，借助员工力量推进兼并后变革进程，非正式地进行文化差异上的沟通。文化型领导力作用于企业的所有层面，一定程度上，它独立于前文描述的变革型领导力。它也会清楚地指明变化，以建立企业变革的共同基础，并使人们意识到哪些需要改变，哪些不需要改变。变革型领导力关注企业宏观层面，而文化型领导力则更多地关注具体运营层面，拥有者也多为中层管理人员。文化型领导力更关注如何脱离原有的看法和价值观，在整合阶段将发挥更大的作用。因此，中层管理者的文化型领导力可以成为变革型领导力的良好补充。

并购中，中层管理和运营层面的领导力都不能忽视，这一点十分重要。变革型领导者和魅力型领导者应当对其他领导者进行引导，尤其体现在目标设定和精神指导上。这样才能将企业的总体愿景融入到各个运营层面，并为企业培养一些能够成为员工效仿典范的领导者。顶层与中层领导者之间转移领导知识和风格的重要任务，是推动冲突的解决并指导目标的实现。在实现公司愿景的进程中，规章制度、指导文件、预算方案或其他组织载体的编订将有所助益（Oberg、Henneberg 和 Mouzas，2012）。它们并非直接控制工作规程，而是通过总体框架来指导工作，使员工更易于跟从企业目标，避免采取与公司整体目标架构不相匹配的解决方案。这种指导包括实施某些报告架构、设定关键比率，或是采用指导员工具体工作流程和方向的信息沟通体系。

在国际并购中，文化统一问题越来越复杂。这不仅是因为不同公司文化不同，而且还因为不同国家企业运作模式、沟通方式等方面存在差异。变革型领导力有助于整合不同的企业。对员工给予关切和思想激励，以及树立行为典范，都能为企业带来竞争优势，个人魅力型领导力在转移价值观和解决冲突时也必不可少。这同样适用于不同国家间不同文化的整合。

参考资料

[1] Bligh, M. C. (2006). Surviving post – merger "culture clash": Can cultural leadership lessen the causalities? *Leadership*, 2, 395 – 426.

[2] Densten, I. L. (2008). How climate and leadership can be used to create actionable knowledge during stages of mergers and acquisitions. *Advances in Mergers and Acquisitions*, 7, 93 – 117.

[3] Gomes, E., Angwin, D., Weber, Y., and Tarba, S. Y. (2013). Critical success factors through the mergers and acquisitions process: Revealing pre – and post – M&A connections for improved performance. *Thunderbird International Business Review*, 55 (1), 13 – 35.

[4] Gomes, E., Weber, Y., Brown, C., and Tarba, S. Y. (2011). Mergers, acquisitions and strategic alliances: *Understanding the process.* USA & UK: Palgrave Macmillan.

[5] Nemanich, L. A. and Keller, R. T. (2007). Transformational leadership in an acquisition: A field study of employees. *The Leadership Quarterly*, 18, 49 – 68.

[6] Oberg, C., Henneberg, S. C., & Mouzas, S. (2012). Organizational inscriptions of network pictures: A meso – level analysis. *Industrial Marketing Management.*

[7] Sitkin, S. B. and Pablo, A. L. (2005). The neglected importance of leadership in mergers and acquisitions. In: G. K. Stahl & M. E. Mendenhall (Eds), *Mergers and acquisitions: Managing culture and human resource.* Stanford: Stanford University Press.

[8] Vasilaki, A. (2011). The relationship between transformational leadership and postacquisition performance. *International Studies of Management & Organization*, 41 (3), 42 - 58.

[9] Waldman, D. A. and Javidan, M. (2009). Alternative forms of charismatic leadership in the integration of mergers and acquisitions. *The Leadership Quarterly*, 20, 130 - 142.

[10] Weber, Y. and Drori, I. (2011). Integrating organizational and human behavior perspectives on mergers and acquisitions: Looking inside the black box. *International Studies of Management & Organization*, 41 (3), 76 - 95.

第十六章　并购中的信任形成与改变

概述

信任是所有社会关系交往中至关重要的组成部分。在许多企业中，高管与员工通常会发现人与人之间的信任感较低，而在并购中，这种信任感常常更低。尽管企业采用了内部控制和法律机制等替代方法，提升信任程度，以开展必要经营活动，但在并购时，处理好人员对变革的抵触，解决人事问题，成功实施兼并后整合，都需要更强的信任感。现有的研究文献没有清晰地分析企业中信任和怀疑情绪的变化情况，以及它们对并购结果的影响。因此，本章旨在对并购中信任关系的作用、先决条件与结果进行更为详细的阐述，从而使读者更好地了解这种信任关系的形成、维持、改变、解除或可能的修补过程。

并购中的信任

虽然并购活动中信任通常与欺骗同时存在，但令人惊讶的是，现有的关于并购的研究文献很少关注信任问题。信任被提及时，往往是一笔带过，仅仅是作为需要了解的一件小事。而那些将信任归为重要因素的文献，却回避了如何实质性解决信任问题，也没有具体阐述它在并购中发挥的作用。

当关注兼并后整合时期的消极影响因素时，研究者通常会指出信任问题是一个重要方面。然而，尽管关于并购的学术和实证文献都提到了信任，但实践者或学者尚未对可供高管与员工在并购时采用的具体机制进行系统的探讨。

信任的本质

信任几乎影响着企业的各个方面。以下是一些与并购相关的方面：

■ 促成合作行为。

■ 促进适当组织形式的形成。

■ 减少那些可带来伤害的冲突。

■ 减少交易成本。

■ 促进有效应对危机。

对信任的描述多数关注以下两个主要方面：

■ 对另一方的依赖——这是一种心理状态，团体或个人有了这种心态后，便会允许其他团体或个人决定他们的命运。在并购中，被购方公司的人员易受主购方公司领导、管理人员和员工的主宰。

■ 风险——这种情形是指，如果一方不可信任，那么欲建立信任的一方、目标公司或主购方公司的人员将遭遇消极的影响。

这两方面综合起来表明，信任基于一方对另一方的能力、正直和善意，以及将自身命运交托与另一方的成本进行的评估。这些要素能够从许多方面影响整体的信任感。这些信任的感知要素结合起来可能会成倍地决定整体的信任水平，或者，某一个或多个要素的程度较低，也能形成一定程度的信任感。

信任评估可以建立于一方或双方的偏见和行动。应将信任关系视为动态发展的，而非静态不变的。此外，信任还建立于双方的互相理解和时间。成功、失败和相互交流的经历都将影响信任的程度。不同于其他一般商品，随着关系的发展，信任可以增长，也可以消耗殆尽。随着时间的推移，双方渐渐互相了解，两个企业间的信任程度就会发生变化。并购中重要的一点就是，一方能够采取行动，塑造和改进企业间的团体关系，以及个人之间的关系。

以下几点总结了信任的一些本质特点：

■ 信任并不是一种行为，而是一种基本的心理状态。

■ 信任会随着时间发生变化；在长期的联系中，信任可以发展和形成，也可以衰减，或是重新产生。

■ 据发现，信任是预示谈判成功的重要标志。

■ 在正在维系的关系中，关键问题并不是“我能相信多少?”，而是“我可以相信哪些方面，该如何相信?”

■ 企业间的信任和人际间的信任由于针对的焦点问题不同，也有所不同。

以下小节将描述信任这一动态过程中的不同组分，包括信任的形成和维持，信任的改变和瓦解，以及可能对信任进行的修补。

一些因素影响了信任的程度，包括前期关系、谈判过程、文化差异，以及整合方式（整合方式会影响从被购方公司移除自主权限的大小）等。双方每次的接触都会带来一些细节信息，影响双方互相了解的过程，并将改变双方信任的程度。

前期关系

主购方公司和被购方公司的首席执行官之间，或其机构之间先前的关系都将影响一方对另一方的信任程度。曾经有过接触的伙伴相比第一次合作的伙伴来说，建立关系的过程肯定有所不同。试想一下，供应商和客户间的关系就可能发展成为垂直式的兼并整合。而双方先前的历史关系使得每一方都能有机会评估另一方未来的行为以及其实现承诺的意愿和能力。

前期关系的时间长度和紧密程度也影响信任深化的程度。时间较久且较紧密的前期关系通常已经历了双方的许多冲突和相互影响。因此，供应商和客户之间长久的历史关系能够使双方更加熟悉和了解对方业务流程和价值观念。如果过去维持的关系较为成功，且各方都认为对方遵守公平原则，那么就有更大的机会形成较高程度的信任感。相反，双方间的信任感就会较低。

最后，双方高管间的个人关系也有助于形成伙伴公司间的信任，因此，它也应被视为形成信任或在信任恶化时修复信任的重要因素。毕竟，个人关系以及人际间友谊的纽带有助于形成合作伙伴间一对一的关系，从而促进信任的产生。例如，促成宝洁和吉列在兼并过程中形成良好的信任的因素之一就是，双方的首席执行官雷富礼和凯尔兹彼此相识。他们都是美国食品加工产业协会董事会成员。在宝洁和吉列的兼并案中，两位首席执行官正是通过对方可信程度的既有信息和相关判断来评估双方合作前景的。

谈判过程

第八章“目标选择和谈判过程”中强调了基于信任建立合作伙伴间良好

关系的重要性。之所以重要，是因为双方达成协议的最后一步也即是双方开展共同工作的下一阶段的开始。因此，当各方都努力维护自身利益以及另一方利益的时候，他们就能形成较强的信任感。吉列的首席执行官凯尔兹原本认为，雷富礼会想要求诸银行家和律师，但雷富礼在沟通时却称，他足够信任凯尔兹，因此并不需要这些前期的咨询者，以免给他们之间已经建立的信任带来负面影响。

合作伙伴的能力和资质

在并购中，信任的建立还依托于一方对另一方的依赖造成的风险。也就是说，主购方公司管理层必须依赖于被购方管理层以执行一些关键的操作。因此，主购方公司管理层必须相信，被购方公司管理层有意愿也有能力实现兼并目标。如果没有这样的信念，就不会有建立信任的可能。因此，在对被购目标公司的能力和资质进行评估后，才能建立信任。在一些情况下，这一评估也会考虑被购目标公司的声誉。前文提到的评估和信任程度还与被购方公司管理层被移除自主权的程度有关。移除自主权会导致冲突、员工流失，以及其他行为问题。

文化差异

正如我们在第六章“文化和文化差异分析”详细描述的一样，文化差异程度能够影响双方的沟通。此外，价值观、管理原则和偏好的不同也能对信任产生重要影响。文化差异越大，沟通问题越严重，信任程度便越低。首先，跨文化关系产生的风险将影响信任程度，这不仅是因为双方缺乏相互理解和熟悉，还因为机会主义行为存在不确定因素。其次，当一方与另一方具有不同的价值观时，由于缺乏理解，信任将再次被侵蚀。并购中遇到此种情况时，就会形成彼此之间的文化成见，进一步加重敌对和不信任感。

领导力

第十五章“并购中的领导力”对领导力进行了描述，据此，双方企业代表如何进行沟通依赖于其领导者。领导力对兼并后整合的预期也同样关键，因为在这一时期，其他各方希望有一位不仅能努力实现战略目标和愿景，同时也能够关注他们切身利益的领导者。个人魅力型领导力将促进信任的形成，但持久开展工作也能促成信任，使得员工最终信任新的企业及其领导者。那些能够在沟通中开诚布公，并能清晰传递其愿景的领导者们能够加速上述信任形成过程。双方这些连续不断的经历，包括沟通在内的其他过程，以及相互学习的过程都能够影响信任的发展过程，我们将在以下各节进行阐释。

信任过程的动态和学习

双方的接触将影响双方间信任的演变。管理者和员工观察对方的决定和行动，进行学习，并最终得出结论。这些结论可能提升或降低基于初始条件形成的信任水平。在双方互相学习的过程中，各方将更好地理解对方的目标、战略意图、文化、互补性作用、效益和兼并后整合阶段的各个过程。下面将讨论这些行动和决定，以及它们对信任的影响。

沟通

沟通在信任形成过程中至关重要。正如前文所述，相互熟悉和理解对信任建立必不可少。能减少不确定性，使双方意图和并购过程更加明了的有效沟通能够增强双方间的信任。第十二章“沟通”详述了沟通的优势、过程、媒介和战略。这些都是形成信任的重要因素。

沟通能够减轻双方的压力和焦虑，建立可信度。被购目标的管理者和员工通常关注并购后他们要担任的新角色、要承担的新任务，以及职位的牢靠性及可获得的福利。沟通还有助于减少怀疑，增加对并购成功的信念和承诺。不顺畅的沟通会减少信任，并增加流言，使被购方公司重要人才和高管更多地流失。

知识转移是沟通的一部分，有助于实现协同效应，并增加各方通过从对方获取技能而得到的收益。各方能够将知识内化，并应用于现有的和全新的产品市场和目标地域，以及企业的其他职能部门，如市场、人力资源、研发、财务等部门。这些所获收益能够提升各方成员对另一方的信任，提升对另一方能够实现成功并购的能力以及实现收益的信任。

移除自主权

主购方公司一般会对被购方公司管理者和员工施加控制和协调措施，以实现预期的协同效应，确保目标和战略的实现，并保证并购后的公司按照主购方公司的文化和标准运行。移除相关的自主权，对实现协同效应十分有必要，但被购方公司的管理者可能会将其视作灾难。通常，移除自主权会导致压力和负面态度的产生，降低对并购成功的承诺和努力，并使被购方管理者减少与主购方管理者在国内外并购中的合作（Weber 等，1996；Weber 和 Drori，2011）。在一些并购案中，这导致了被购方顶层高管的大量流失，对整体并购绩效造成负面影响。

这些结果会反过来影响信任。移除自主权可以被视为缺乏信任的表现。它还可能进一步导致抵抗和冲突，加剧不信任感，形成恶性循环。当一方在行动和冲突后调低其对另一方的信任评估时，就有可能产生不信任。

如果控制机制能够促进知识转移，使沟通顺畅，获得收益，业绩表现良好，那么这种进退有度的自主权移除过程就能够增加双方间的信任。此外，当双方形成了互相信任，对控制和协调的需求就会变得较低。被购方管理者可以保留更多的自主权，承担更多任务，这样能够增强双方间的信任。

预期收益

第十四章“人力资本问题与做法”关注人力资源策略，以及并购中每个个体所面对的个人问题（尤其是被购方公司的个体）。如有机会获得新的工作，增加薪水，获得升职，便将带来高度的信任。相反，如果工作没有保障，职位发生变化，薪水减少，就会产生不信任感。因此，并购带来的个人利益、机遇或损失是信任建立过程中的重要因素。

并购结果与信任

信任似乎能够确保并购过程中双方管理者和员工有更好的合作关系。以下是韦伯等（Weber 等，2013）总结的高度信任可以带来的结果：

- 压力和焦虑减轻。
- 抑制对并购的典型负面态度。
- 抑制对主购方公司及其管理者的典型负面态度。
- 对推动并购成功有更强的承诺和努力。
- 被购方公司成员与主购方公司管理者和员工间更高程度的合作。
- 与通常情况相比，员工的离职率更低。
- 相比信任程度较低的并购案例，并购业绩更好。

最新的研究结果（如：Stahl 等，2011）证实，大多数初始条件都能影响双方间的信任程度（正如本章前文所述），并对大多数信任问题导致的结果产生影响。

参考资料

[1] Stahl, G. K., Chua, C. H. and Pablo, A. L. (2012). Does national context affect target firm employees' trust in acquisitions? *Management International Review*, 52 (3), 395 -423.

[2] Stahl, G. K., Larsson, R., Kremershof, I. and Sitkin, S. B. (2011). Trust dynamics in acquisitions: A case survey. *Human Resource Management*, 50, 575 - 603.

[3] Stahl, G. K. and Sitkin, S. B. (2010). Trust dynamics in acquisitions: The role of relationship history, interfirm distance, and acquirer's integration approach. *Advances in Mergers & Acquisitions*, 9, 51 -82.

[4] Weber, Y., Drori, I., and Tarba, S. Y. (2013). Culture - performance relationships in international mergers and acquisition: The role of trust. *European Journal of Cross - Cultural Competence and Management*, 2 (3/4), 252 -274.